Christa Meves

Christa Meves/Joachim Illies
Lieben – was ist das?
Ein Grenzgespräch zwischen Biologie und Psychologie
Band 362, 128 Seiten, 12. Aufl.

Manipulierte Maßlosigkeit
Psychische Gefahren im technisierten Leben
Band 401, 144 Seiten, 20. Aufl.

Wunschtraum und Wirklichkeit
Band 433, 160 Seiten, 9. Aufl.

Die Bibel antwortet uns in Bildern
Tiefenpsychologische Textdeutungen im Hinblick auf Lebensfragen heute
Band 461, 160 Seiten, 9. Aufl.

Ehe-Alphabet
Band 485, 128 Seiten, 13. Aufl.

in der Herderbücherei

Christa Meves

Freiheit will gelernt sein
Band 517, 144 Seiten, 6. Aufl.

Christa Meves/Joachim Illies
Mit der Aggression leben
Band 536, 128 Seiten, 4. Aufl.

Unser Leben muß anders werden
Band 571, 128 Seiten, 5. Aufl.

Lange Schatten – helles Licht
Aus meinem Tagebuch
Band 590, 160 Seiten, 3. Aufl.

Antworten Sie gleich!
Lebenshilfe in Briefen
Band 635, 144 Seiten, 2. Aufl.

Christa Meves/Heinz-Dietrich Ortlieb
Macht Gleichheit glücklich?
Band 682, 160 Seiten

in der Herderbücherei

Herderbücherei

Band 501

Über das Buch

Daß die ersten Lebensjahre und die Pflege der Kinder durch die Erziehenden eine große Bedeutung haben, das mag der aufgeschlossene Leser in den letzten Jahren durch die Bücher von Christa Meves gelernt haben.
Wie dieses erste Erleben sogar die Berufswahl, politische Einstellungen, Temperament und Charakter mitbestimmen kann, das ist der Inhalt dieses Buches. Aber Christa Meves stellt nicht nur fest. Wieder zieht sie konkrete Konsequenzen, und sie weiß Abhilfe für die Situationen, die aufgrund der Schwierigkeiten mit den Kindern die Eltern zu Fragenden werden läßt. Neue Zusammenhänge erschließt das Buch, Rat in Einzelfragen gibt es.

Über die Autorin

Christa Meves, geboren 1925. Studium der Germanistik, Geographie und Philosophie an den Universitäten Breslau und Kiel. Staatsexamen in Hamburg, dort zusätzlich Studium der Psychologie. Psychagogen-Ausbildung an den Psychotherapeutischen Instituten Hannover und Göttingen. Frei praktizierend in Uelzen, Arztfrau und Mutter zweier Töchter. Mitherausgeberin des „Rheinischen Merkur". Vortrags- und Lehrtätigkeit in Rundfunk und Akademien sowie in zahlreichen Arbeitskreisen. Neben Veröffentlichungen in Fachzeitschriften folgende Bücher:
Mut zum Erziehen (Furche-Verlag, 8. Auflage); Die Schulnöte unserer Kinder (Furche-Verlag, 6. Auflage); Erziehen lernen in tiefenpsychologischer Sicht (Bayerischer Schulbuchverlag, 5. Auflage); Verhaltensstörungen bei Kindern (Piper Verlag, 6. Auflage); Ermutigung zum Leben (Kreuz-Verlag, 6. Auflage); Erziehen und Erzählen (Kreuz-Verlag, 5. Auflage); Ich will leben (Verlag Weißes Kreuz, 5. Auflage); Ninive darf nicht untergehen (Verlag Weißes Kreuz, 5. Auflage); Erziehung zur Reife und Verantwortung (Verlag Weißes Kreuz, 3. Auflage); Wer wirft den ersten Stein? (Verlag Weißes Kreuz); Chancen und Krisen der modernen Ehe (Verlag Weißes Kreuz); Wer paßt zu mir? (Verlag Weißes Kreuz, 3. Auflage); Antrieb – Charakter – Erziehung (Fromm Verlag); Zeitloses Maß in maßloser Zeit, zus. mit L. Kaiser (Comenius Verlag); Typisch Mutter! (Herder); mit B. Hassenstein und G. Heinelt, Das Kind im Vorschul- und Grundschulalter (Herderbücherei 9005, 7. Aufl.).
Fremdsprachige Ausgaben liegen vor von: Wunschtraum und Wirklichkeit (niederländisch bei Uitgeverij de Toorts, Haarlem); Die Bibel antwortet uns in Bildern (niederländisch bei Uitgeverij de Toorts, Haarlem – englisch bei Westminster Press, Philadelphia); Ehe-Alphabet (japanisch bei Rupert Enderle, Tokyo – africaans bei Tafelberg, Kapstadt).

Christa Meves

Kinderschicksal in unserer Hand

Erfahrungen aus der psychagogischen Praxis

Herderbücherei

Originalausgabe
erstmals veröffentlicht als Herder-Taschenbuch

1. Auflage Oktober 1974
2. Auflage November 1974
3. Auflage Mai 1975
4. Auflage November 1975
5. Auflage Juni 1976
6. Auflage November 1977
7. Auflage Oktober 1978

Herder Freiburg · Basel · Wien
Herstellung: Freiburger Graphische Betriebe 1978
ISBN 3-451-07501-6

Inhalt

Vorwort

Die Bücher, die ich aufgrund meiner Erfahrungen in der psychagogischen Praxis in den letzten Jahren schrieb, haben vor allem einen Grundtenor: Sie wollen den Nachholbedarf an Erkenntnis über die „Schicksalsweichen", die durch frühkindliche Umwelteinflüsse so oder so gestellt werden, auflösen. Sie wollen eine Bewußtseinserweiterung erreichen, die es den Erziehern der Zukunft ermöglicht, die entscheidenden charakterprägenden Phasen der Kindheit mit wachem Verantwortungsbewußtsein zu gestalten. Ein solcher Lernvorgang hat aber einen hohen Preis: Es muß viele Menschen, viele Eltern und Erzieher erschrecken, wenn sie erkennen, daß sie in Unkenntnis der Zusammenhänge Fehler machten oder in ihrer eigenen Kindheit an ihnen selbst Fehler gemacht worden sind. Mancher erkennt jetzt eine schicksalserschwerende Bahnung, sieht Seelenbeeinträchtigungen und starr gewordene Lebensformen. Wie jede Bewußtseinserweiterung macht dieses Wissen nicht nur leicht, frei und klar – es belastet auch; denn grundsätzlich wird die Erweiterung zu echter Freiheit mit dem Preis einer neuen, erheblichen Bedrückung bezahlt: mit der Last einer großen Verantwortung und dem Erschrecken vor der Einsicht, schuldig werden zu können.

Das verursacht in vielen Menschen banges Unbehagen; sie schauen bedauernd zurück auf den Zustand des unmündigen Nichtwissens, und mancher flieht zurück, betreibt Vogel-Strauß-Politik, weil er sich unter Freiheit etwas anderes, nämlich erleichternde Unabhängigkeit, und nicht die sperrige Not verantwortungs- und opfervoller Entscheidungen erträumt hatte. Manche werden auch böse auf mich, sagen und schreiben mir, ich hätte bei ihnen Schuldgefühle hervorgerufen und möge sie ihnen nun wieder abnehmen.

Das alles ist sehr verständlich – es drückt auch mich und

meine pädagogische Verantwortung. Schließlich erzählen wir unseren unmündigen Kindern auch nicht alles, was wir wissen, sondern warten, bis die Stunde da ist und sie so reif sind, daß es in ihnen wirken und ihre Lebenskraft steigern kann. Ich habe mir deshalb vor meinen Veröffentlichungen wohl die Frage gestellt, ob die Stunde des Reifseins schon da ist, und viele Manuskripte über ein Jahrzehnt in der Schreibtischschublade zurückgehalten, um nicht durch verfrühte „Aufklärung" mehr zu schaden als zu nutzen. Ich meine aber, daß gegen Ende der sechziger Jahre das hilflose Fragen sehr groß, daß die zunehmende Not der Eltern mit den Kindern, der Lehrer mit ihren Schülern so allgemein wurde, daß nun nicht nur die Bereitschaft, sondern auch die Notwendigkeit entstand, nicht länger zu schweigen.

Der Mensch ist auf seinem krisenreichen Gang durch die Geschichte immer nur durch Grenzsituationen, durch die gefährlichen Folgen seiner Grenzüberschreitung in neue und höhere Bewußtseinsstufen hineingestoßen worden. Erkenntnisse müssen zu bestimmter Stunde tapfer eingeholt werden; denn der Mensch ist zur Freiheit berufen. Sein Weg – auch der jedes einzelnen innerhalb seines kurzen Lebens – führt von der Unmündigkeit zur Mündigkeit, von der Ureinheit zunächst zur Abgetrenntheit, von der Unschuld erst zur Schuld, von der Gesetzlichkeit zur Eigenentscheidung. Es gehört zu den fundamentalen Aufgaben des Menschen, Prozesse dieser Art zu fördern und zu unterstützen. Sie kleingläubig, schonend und feige zu unterlassen bedeutet Behinderung einer konstruktiven Entwicklung. Wir müssen neu diesen Preis bezahlen: daß Wahrheit uns nicht nur löst und entbindet, sondern auch erschreckt und belastet. Wir müssen den Mut haben, sie anzunehmen, mit ihr trotz all ihrer Unbehaglichkeit zu leben, und aus der neuen Einsicht in der Zukunft praktische Konsequenzen ziehen; dann – oft Jahrzehnte oder Jahrhunderte später – wird dem Menschen auch der Lohn für seine Tapferkeit gezahlt: mit einem neuen Entwicklungsschritt, einer Steigerung von Lebenskraft, mit einem Aufblühen einer neuen Kultur.

So hart eine solche allgemeine Bewußtseinssteigerung den einzelnen auch treffen mag, so haben wir dennoch die Aufgabe, am Fortgang des Ganzen mitzuwirken. Darüber hinaus aber kann uns auch die Geschichte der Bewußtseinsentwicklung der Menschheit etwas lehren, das sich auf die Lebensgeschichte des einzelnen tröstlich übertragen läßt: Führt eine Einsicht zunächst auch in eine Phase lähmenden Erschreckens, oft auch danach in ein Stadium des Abwälzen-, Verdrängen- und Versteckenwollens, so bringt doch bereits das Annehmen, Bejahen und Eingestehen der Fehler die Wende zur konkreten Abhilfe. Manche Menschen heute fürchten, von der Einsicht in die „Schicksalsweichen" in die Resignation gebracht, angesichts des „Zu spät!" in die Hoffnungslosigkeit getrieben zu werden. Aber – und das ist ein Geheimnis – dieses „Zu spät" gibt es bei ausdauernder Tapferkeit des Aushaltens der beschuldigenden Erkenntnis nicht. Diese Haltung versetzt uns in einen neuen Status: in eine Situation, in der Geduld am Platz ist, in der durch das Annehmen und Bewußtwerden von eigenem Versäumnis und Versagen auch das Fehlverhalten des anderen langmütig getragen und ausgehalten werden kann. Diese konstruktive Konsequenz ist die verheißungsvolle Voraussetzung zur Heilung aus der negativen Schicksalsbahnung heraus. Die Psychoanalyse hat eine Voraussetzung zu solchen Heilungen ertastet, erspürt und zur „Technik" erhoben: den langanhaltenden, mühsamen, schmerzhaften Prozeß des Hineinwachsens in das Aushalten der eigenen Unvollkommenheiten.

Dies allein ist die Ermutigung, die ich aufgrund meiner Erfahrungen geben kann: den Mut zum unbekümmerten, nicht selbst anklagend masochistischen Annehmen der eigenen Fehler. Durch dieses Nadelöhr, das so mühsam zu fädeln ist, was gegen alle Vergeblichkeit immer wieder durchhaltend versucht werden muß, führt der Weg in die Gesundung der Seele, in ihr Heil und ihren Frieden. Dies ist der Boden, von dem her alle Versuche zur Erhellung, alle Versuche zu Hilfen, die dieses Büchlein zu geben versucht, gesehen und verstanden werden müssen. Die Ehrlichkeit der Erkenntnis, daß wir immer wieder an unsere Grenzen stoßen und sie umnebelt überschreiten, gerade auch die entsetzte Klarheit des „Was habe ich getan!" kann unsere Ohren aufschließen für die Botschaft der Verheißung und des Vertrauens, daß wir im Geist der Vergebung und der Versöhnung stehen und ewig, aber auch bereits in diesem Leben, getröstet werden, wenn wir es nur wagen, uns in diesen Geist vertrauensvoll fallen zu lassen und aus ihm heraus zu leben.

Uelzen, im September 1974 | Christa Meves

Unbewußte Lebensbedürfnisse als Schicksalsweichen des Menschen

Vorbemerkung: Dieser Aufsatz will einige verborgene Handlungsmotive aufdecken, die das Timbre, ja die Richtung von Zeitströmungen beeinflussen können. Er maßt sich nicht an, sie damit aus einer Quelle erklären zu können. Es ist hier aus tiefenpsychologischer Sicht nur ein einziger Aspekt angesprochen; andere und zusätzliche Erklärungen und Verursachungen der beschriebenen Phänomene sollen damit keineswegs ausgeschlossen sein.

Ein sehr merkwürdiges Phänomen tritt in jüngster Zeit besonders oft und befremdend in Erscheinung: daß einzelne Menschen mit fanatischer Begeisterung eine Überzeugung vertreten, die sowohl dem gesunden Menschenverstand wie vernünftiger Einsicht oder einem Bezug zur Realität Hohn spricht.

„Es gibt heute überhaupt keine Erwachsenen mehr, die mit ihren Kindern freundlich und liebevoll umgehen", rief kürzlich eine Diskutantin nach einem Vortrag über Erziehungsfragen erregt in den Saal und erntete von den vielen kinderbemühten Zuhörern kopfschüttelnden Protest. Aber trotz aller Einwände anderer Diskutanten blieb sie fanatisch-starr und in schrillem Eifer bei ihrer Behauptung.

„Alle unsere Lehrerinnen, sie vor allem, nicht die Männer unter den Lehrern, wollen uns mit manipulierten, raffinierten Methoden in die Pfanne hauen. An ihren Drähten sollen wir tanzen wie Marionetten – aber denen werde ich zeigen, was 'ne Harke ist", sagte ein achtzehnjähriger Oberschüler, „die sollen noch merken, daß sie uns zu nichts, auch nicht einmal zu Andeutungen von Leistungen erpressen können!"

„Alle Unternehmer sind Ausbeuter – wohin man guckt", sagte ein Abiturient, der gerade im Begriff stand, ein Politologiestudium zu beginnen, „ausrotten sollte man die, sie beherrschen unser System. Wenn man die nicht mit Gewalt abschafft, kann die Welt gar nicht besser werden."

Auf den ersten Blick bereits kann jeder Unvoreingenommene erkennen, daß diese Behauptungen unzulässige Verallgemeinerungen enthalten. Aber wenn man sich einen solchen Fanatiker etwas genauer anschaut, dann wird darüber hinaus sichtbar, daß eine modische Parole bei ihm aus einem bestimmten Grund so viel „Erleuchtung" hervorgerufen hatte, nämlich weil sie versteckt einem persönlichen Bedürfnis Nahrung gab. Die drei eben angeführten Jugendlichen kannte ich bereits als Kleinkinder, ich kannte ihre Umweltsituation und hatte damals prognostische Eintragungen über ihre Charakterentwicklung in meiner Kartei gemacht. Das junge Mädchen hatte eine Stiefmutter, eine „Rabenmutter", wie sie im Buche steht, die nicht in der Lage war, auch nur einige freundliche Worte für ihre Stiefkinder zu finden; die hatte sie allein für ihren eigenen nachgeborenen Sohn. Ich hatte geschrieben: „Wird spätestens im Alter von vierzehn Jahren in massiven Protest gegen das Elternhaus treten und ihrer Vitalität entsprechend eigene Wege zu gehen versuchen. Der Mangel an Realitätskontrolle wird ihr dabei aber viele Schwierigkeiten bereiten."

Der Junge mit dem Lehrerinnenhaß aber hatte interessanterweise eine Mutter, die in diesen ihren jüngsten Sohn geradezu verliebt war. Er war ein ausnehmend hübsches Kind mit strahlend blauen Augen und gelocktem Haar, und die Mutter, die durch einen allzuoft abwesenden Mann wenig Befriedigung in ihrer Ehe fand, hatte einen erotischen Kult mit dem kleinen „Süßen" begonnen, ohne das selbst durchschauen zu können. Sie war ihm viel zu nahe auf den Leib gerückt, mit viel zu viel hautnaher Zärtlichkeit, mit Bewunderung und Abgötterei. Ich schrieb damals in meine Kartei: „Wird gefallsüchtig, übertrieben eitel, gleichzeitig aber ein Weiberfeind, evtl. sogar homosexuell werden." Heute zeigt sich: Die modische Parole der Repression zu Leistung durch die Lehrer hatte sich mit seinen Befreiungswünschen von einer unangemessenen mütterlichen Fesselung gemischt, bestimmte seine Anfälligkeit für diese Parole und bewirkte eine Menge folgenschwerer Handlungsbereitschaften (die Leistungsverweigerung bei den Lehrerinnen), eine Gegebenheit, die vermutlich eine Reihe von weiteren Schicksalsweichen zur Folge haben wird.

Der dritte Junge aber war selbst ein Unternehmersohn, zwar nicht der eines Großkapitalisten mit einem Heer von Angestellten, sondern eines Kioskbesitzers. Ausbeutung war in diesem Haus nicht an Angestellten, wohl aber an den eigenen Kindern geschehen, die mit unnachgiebiger Strenge zur Mitarbeit im Geschäft und zu absolutem Gehorsam mit Knüppelmethoden gezwungen worden waren.

Ich hatte, nachdem ich den Erziehungsstil kennengelernt hatte, als der Junge vier Jahre alt war, in meiner Kartei eingetragen: „Falls der Junge bereits in der Pubertät aus dem Haus kommt, wird er sich zu einem oppositionellen Radikalisten entwickeln, bleibt er in den Betrieb eingegliedert, ist auch lebenslängliches Duckmäusertum mit heimlichem Sadismus möglich." Das Kind *war* aus dem Elternhaus gekommen: Es versagte in der 8. Klasse der Oberschule und war aufgrund der ehrgeizigen Pläne des Vaters in ein Internat geschickt worden, wo es unter dem Einfluß eines Junglehrers und seiner Mitschüler mit überzeugter Begeisterung neomarxistische Parolen zu seiner Überzeugung machte.

An diesen drei Beispielen kann eine außerordentlich bedenkenswerte Gegebenheit deutlich werden: Unsere Interessen, unsere politischen Einstellungen, unsere Vorstellungen vom Leben, ja sogar unsere Berufswahl können unter gewissen Umständen weniger von realitätsangepaßten Überlegungen, von unseren Begabungen und Eignungen bestimmt werden als von heimlichen, meistens vollständig unbewußten Bedürfnissen, die sich durch das persönliche Kinderschicksal so und nicht anders enorm gesteigert haben. Unbewußte unabgesättigte Bedürfnisse können in uns eine mächtige innerseelische Spannung hervorrufen. Trifft diese Spannung auf irgendeine Möglichkeit der Entlastung, so bewirkt das einen heftigen Drang. Er tritt meistens nicht recht ins Bewußtsein; deutlich wird hingegen eine entflammte Begeisterung, eine große Lust auf etwas, ein fanatisches Überzeugtsein von etwas. Es ist daher oft eine bestimmte Sorte von Menschen mit einem bestimmten Kinderschicksal, die auf die Fahne schwören: „Die Ausbeuterei muß aufhören!" Es ist eine andere Sorte, die entflammt wird von dem Ruf: „Zucht und Ordnung muß herrschen!" Es ist noch wieder eine andere Gruppe, die mit unlogischem Radikalismus mit dem Schlachtruf agiert: „Freiheit von allen Tabus, erst einmal Freiheit für alle von allen Zwängen!"

Dabei muß an dieser Stelle unterscheidend betont werden: es gibt allemal Situationen, in denen solche Parolen höchst berechtigt sind. Es *gab* (im vorigen Jahrhundert) den ausgebeuteten Arbeiter, es gibt noch heute Diktaturen, die keinen hinreichenden Verhaltensspielraum, keine Freiheit zulassen, es gibt unter hungernden Völkern den nur allzu realitätsgerechten Schrei nach Nahrung für alle. Es gibt, wo Anarchie ausufert, berechtigterweise den Ruf nach einer Ordnung, die vom Chaos erlöst. Es gibt die Berechtigung des lebensnotwendigen radikalen Einsatzes gegen Nöte und Gefahren in unserer Umwelt, ja dieser persönliche Einsatzwille ist das Kennzeichen verantwortungsbewußter Mündigkeit. Aber er unterscheidet sich in einer entscheidenden Gegebenheit von den erstgenannten: Der echt mündige Mensch vollzieht seine Handlungen *nach* einer Phase der gründlichen, neutralen, einfühlenden, sachlichen Beobachtung und Erfahrung an der Realität auf dem Boden vernünftiger und verantwortungsbewußter Überlegungen.

Wie aber können wir unterscheiden lernen, wann wir von unseren unbewußten Bedürfnissen zu subjektiv gefärbter Begeisterung und Handlungslust motiviert werden, die unrealistisch und unangemessen sind, und wann unser Einsatz und unsere Einstellung wirklichkeitsbezogen sind?

Diese Möglichkeit haben wir nur, wenn wir unsere eigenen, oft erheblich gestauten Bedürfnisse ins Bewußtsein bekommen und sie realitätsgerecht abzusättigen suchen, statt sie in Weltanschauungen und Berufsphantasien hineinzuprojizieren. Vor allem brauchen wir diese Selbsterkenntnis deshalb so dringend, weil wir sonst im Handumdrehen unreflektiert Einflüssen nachgeben, die uns unter Umständen zu Zielen führen, zu denen wir gar nicht wollen. Alle teuflischen Demagogen haben es zum Beispiel immer schon großartig verstanden, das Heer ihrer Mitläufer auf dem Boden eines Ansprechens und Hochpeitschens ungesättigter Bedürfnisse des einzelnen Menschen zusammenzutrommeln. Am erfolgreichsten sind infolgedessen immer jene Rattenfänger gewesen, deren Melodien die Sehnsüchte, die unter bestimmten Umweltkonstellationen zeitbedingt besonders stark bei *vielen* Menschen entstanden waren, anszusprechen verstanden: die Sehnsucht nach Macht, nach Geborgenheit und Schutz, nach der Abwehr von Ausbeutung, Gefangenschaft und Besitzlosigkeit, nach Befreiung zu Lust und Lebensfreude.

Die Tiefenpsychologie hat aufgezeigt, daß durch spezifische Eindrücke in der Kindheit ein Defizit im Menschen in bezug auf vitale Bedürfnisse entstehen kann, das prägend dumpf unbewußt erhalten bleibt und die bewußte klare Entscheidungs- und Einsichtsmöglichkeit behindert. Denn das unbewußte Bedürfnis stellt sich als lustvoller Drang in den Vordergrund und blockiert realitätsgerechtes Reagieren. Statt dessen wird hektisch agiert; die Handlungsmotive stehen unter dem unbewußten Zwang, Entlastung der Dränge zu erfahren. Da sie aber nicht bewußt und darüber hinaus unangemessen sind, tritt die erhoffte Befriedigung und der von der Natur dumpf erstrebte Ausgleich nicht ein. Das Agieren auf dem Feld der irrationalen Zwänge wird zur Sucht, ja zur Haltung, zu einem Handeln, das aus dem Leiden an individuellen, lebensnotwendigen Selbsttäuschungen hervorgegangen ist.

Ein solches Agieren kann fatale Folgen haben in bezug auf das Einzelschicksal, ja unter bestimmten Konstellationen mit Hilfe von Demagogen und neurotischen Anführern auch für ganze Kollektive. Wollen wir solche gefährlichen Täuschungen vermeiden, so brauchen wir möglichst konkrete Kenntnisse über die Merkmale solcher Dränge, wie auch Kenntnisse darüber, wie man durch Erziehung solchen unangemessenen Abhängigkeiten entfliehen kann. Denn ungesättigte Bedürfnisse der eben beschriebenen Art können den Menschen in starren Wiederholungszwängen festbannen. Ein Verhaltens- und Entfaltungsspielraum geht durch den gierigen Anspruch des innerseelischen Defizits verloren. Mit Recht hat Freud als erster gesagt, daß die dämonische Macht der unbewußten Handlungsmotive nur gebrochen werden kann, wenn sie dem Menschen einsehbar werden. Erst im Zustand der Bewußtheit über diese seine Bedürfnisse hat der Mensch realiter die Möglichkeit, zu entscheiden, wann er ihnen nachgeben will und wann nicht. Nur so kann man die eigenen Bedürfnisse und die Realität zueinander in einen Bezug bringen und wirklich frei entscheiden.

Deshalb sollen die Kennzeichen für das Vorhandensein unangemessener übersteigerter Bedürfnisse ausführlich beschrieben werden. Es ist eine geradezu groteske Erfahrung der Praxis, daß Kinder, die in ihren ersten Lebensjahren – aus welchem Grunde auch immer – Mangelerlebnisse in bezug auf die Sättigung durch Nahrung oder Zuwendung erleiden mußten, diesen Mangel durch ein dumpfes Agieren auszugleichen versuchen, selbst wenn sie später von allem genug bekommen. Diese Menschen kochen und backen zum Beispiel noch im Erwachsenenalter besonders gern. Der Drang, endlich satt zu werden, führt oft sogar zu einem Beruf in der Lebensmittelbranche: Koch oder Bäcker möchten die Jungen werden, gelegentlich auch Kellner oder Schlachter; die Mädchen streben in den Haushalt oder wollen Lebensmittelverkäuferin werden. Viele projizieren ihr eigenes unbewußtes Bedürfnis nach Sättigung in einen Berufswunsch hinein, in dem auf jeden Fall gefüttert wird. Manche Säuglingsschwester hat ihren Beruf aufgrund des eigenen inneren Mangelzustandes gewählt. Ganz gewiß ist das nicht immer der Fall; die Unterscheidung, ob die Berufswahl aufgrund eines Gespürs für die besondere Begabung oder aufgrund eines unbewußten Selbstheilungsbedürfnisses entstand, ist oft an vielen anderen Charakterzügen ablesbar: an einer mutlosen Passivität, an einer unangemessenen, übertriebenen Hilfswilligkeit ohne die dazu notwendige Verläßlichkeit und Ausdauer, an einer gierigen Neigung, anzueignen und einzuverleiben (sie sind deshalb häufig trink-, freß- und nikotinsüchtig und können selten mit ihrem Geld haushalten). Am erstaunlichsten ist, daß Menschen mit einem solchen innerseelischen Mangel zum Diebstahl neigen. Neulich sagte ein Gefängniswärter zu mir: „Nie haben wir Personalmangel in unserer Gefängnisküche; Leute aus der Lebensmittelbranche gibt es immer genug unter den Strafgefangenen." Solche Menschen mit einer „oralen" Grundschädigung agieren aber nicht nur mit ihren eigenen Versorgungsbedürfnissen; sie sind darüber hinaus aufgrund ihrer Gestimmtheit des Unbefriedigtseins anfällig dafür, auf alles und jedes mit heftigem Neid zu reagieren. Sie sind daher besonders anfällig für Ideologien des Neides, für Parolen wie: „Keiner soll mehr haben als die anderen. Die Oberschicht hat sich auf Kosten der anderen bereichert, ihr Besitz muß enteignet werden." Diese und ähnliche Parolen faszinieren besonders Menschen, die frühe Mangelerfahrungen mit sich herumtragen, ohne von ihnen zu wissen. Solche Einstellungen können dumpf und irreal lebenslänglich erhalten bleiben, selbst dann, wenn Glück oder eigene Leistung einen Geschädigten dieser Art plötzlich selbst zu Reichtum und Besitz kommen läßt. Oft sägen sie selbst dann noch fanatisch an den Ästen der Ungleichheit, wenn sie selbst längst darauf Platz genommen haben. Wie wenig solches Agieren wirklichkeitsgerecht oder gar *gerecht* ist, hat uns Helmut Schoeck in seinen Büchern („Der Neid" und „Die Lust am schlechten Gewissen") in großer Schärfe immer wieder vor Augen geführt.

Die Vorerlebnisse, die zu solchen Irrtümern führen, sind oft tragisch: Kinder, die an ihrem Lebensanfang nicht saugen konnten, die künstlich Ernährten, die Sondenbabys, die monatelang in Krankenhäusern lagen, disponieren zu solchen Mangelzuständen; auch die, die man aus Prinzip oder aus Lieblosigkeit stundenlang schreien ließ oder an hinreichenden Saugtätigkeiten hinderte. In diese Rubrik gehören die durch leichte Flaschenfütterung verwöhnten Kinder, die eben gerade diese Verwöhnung als einen elementaren *Mangel,* als Frustration, erleben und auch mit einer Habenichts-Einstellung reagieren. Das Schlimme ist, daß solche unbewußten Vorerlebnisse wie Pech kleben und allein durch die bessere Erfahrung *ohne* bewußte Steuerung nicht wieder löschbar sind. Da wir unsere Säuglinge verheerend falsch füttern, ganz kollektiv, einmalig und erstmalig in der Geschichte, da unsere Mediziner auf den Universitäten nicht zur Verhinderung solcher Fehlprägungen erzogen werden, läßt sich prognostizieren, daß die Demagogen des Neides – sie können den größten Unsinn reden – bei immer mehr Menschen freudige, ja faszinierte Zustimmung bekommen werden, so daß die Parole der „Chancengleichheit" die irrsinnigsten Blüten treiben kann, wie man sie sich in den Rahmenrichtlinien Hessens schon deutlich abzeichnen sieht: Wenn manche Kinder die Rechtschreibung nicht lernen können, heißt die Konsequenz eben, sie ganz abzuschaffen nach der Manier: Weil manche Kinder die Sonderschule besuchen müssen, sollten alle Kinder nur bis zum Sonderschulniveau gefördert werden. Menschen, die wider alle Gerechtigkeit, wider die pädagogische Pflicht, *jedes* Kind zu dem ihm möglichen Optimum an Leistung und Ausbildung zu bringen, und damit wider das Wohl aller solche Anordnungen treffen, sollten m. E. sofort daraufhin untersucht werden, ob sie von einem besessenen Agieren mit der eigenen Unzufriedenheit zu solchen verantwortungslosen Bestimmungen getrieben werden. Oft ist der direkte Nachweis über die Ursache des oralen Schadens aber nur zu erbringen, wenn die Mütter noch leben und befragt werden können; bei Jugendlichen, wie wir sie in der Praxis zu sehen bekommen, ist das im Durchschnitt leichter möglich als in den Altersstufen, in denen man z. B. zum Kultusminister avanciert.

Es gibt aber auch ein geradezu entgegengesetztes Agieren mit unbewußten Bedürfnissen. Ebenso prägend für die Charakterentwicklung eines Menschen kann es zum Beispiel sein, wenn die Sauberkeitsgewöhnung des Kindes sehr früh, sehr drastisch, sehr fordernd durchgesetzt wurde. Zum Stil eines solchen Elternhauses gehört überhaupt die sehr frühe Forderung zu Abgabe, zu Verteilung aller Art, gehört die Verringerung der Möglichkeit, seinen kleinen Besitz zu sichern und gegen die Ansprüche anderer abzugrenzen. Kinder mit einer solchen Vorgeschichte fangen meist im Grundschulalter schon an, etwas zu sammeln, bald auch Geld, sie werden kleine Geizhälse und sind voll ängstlichem Eifer, den Bestand zu sichern und zu erhalten. Diese Menschen agieren in ihrem Erwachsenenalter oft lebenslänglich mit dem angstgetönten, unabgesättigten Bedürfnis, das Vorhandene zu erhalten. Sie werden auf diese Weise oft starr und unrealistisch konservativ; es ist nicht mehr wichtig, ob etwas noch Wert hat, ob es noch für die Gegenwart taugt – das Erhalten an sich steht im Mittelpunkt eines zwanghaften Agierens. Hausfrauen mit einer solchen Störung können nichts wegwerfen, alles und jedes, auch Gerümpel muß erhalten bleiben. Politiker, die eine solche Schädigung haben, werden zum Hemmschuh jeder erforderlichen Reform.

Das Agieren mit dem Impuls, alles um jeden Preis zu erhalten, führt in die dafür typischen Berufe: ins Bankfach, in das Beamtentum und häufig auch in Berufe, die sich mit der Vergangenheit beschäftigen, zum Bibliothekar, zum Historiker oder Archäologen.

Um es an dieser Stelle noch einmal zu wiederholen: Man darf diese Erkenntnisse nicht mißdeuten: Es gibt viele Menschen, die solche Berufe haben, ohne daß sie von dem unbewußten Bedürfnis nach Erhaltung von Bestand und Substanz getrieben werden. Das ist nur bei denen der Fall, die zum Beispiel sinnlos Geld horten müssen, ohne auch einmal das Leben genießen zu können, bei denen, die irreal auch an Unbrauchbargewordenem festhalten müssen – unter allen Umständen und um jeden Preis. Es ist eine höchst interessante Gegebenheit, daß ein solcher neurotischer Konservatismus in den jüngeren Jahrgängen immer weniger in Erscheinung tritt. Gewiß, wir sehen hin und wieder auch die superbraven, sparsamen, karg vorsichtigen, skrupulös gewissenhaften Kinder in der Praxis (meist sitzt ihnen eine erziehungsbesessene Großmutter oder eine zwangsneurotisch kranke Mutter im Nacken), im allgemeinen aber ist durch die veränderte Einstellung in der Erziehung diese so sehr verfrühte und dadurch schädigende Übertreibung mit Forderungen zur Abgabe nicht mehr vorhanden. Es ist deshalb auch keineswegs zu erwarten, daß die ab 1955 geborenen Kinder eines Tages starr konservative Alte werden. Nein, sie werden im allgemeinen gar nicht so alt werden wie die Alten von heute, da sie aufgrund der in diesen Jahrgängen viel häufiger auftretenden oralen Schädigungen zur Verschwendung neigen, zur herzschädigenden Lebensführung (Alkohol-, Nikotinmißbrauch, Süchte), gegen die die Mediziner ja zur Zeit noch machtlos sind. Die Alten hingegen, in deren Jahrgängen es so sehr viele Menschen mit einem Erhaltungsstarrsinn gibt, weil ihr Erziehungsklima von einer zu frühen Askese und einem exzessiven Reinlichkeitsideal bestimmt war, haben bei aller Bedenklichkeit einen Vorteil: sie haben aufgrund ihrer erzgesunden, sparsamgeizigen, gedrosselten Lebensweise gesunde Herzen, sie bleiben letztlich gewissermaßen sogar auf ihrem Leben sitzen. Ein sechsundneunzigjähriger Millionär, der aus Geiz bereits darauf verzichtet hatte, eine Familie zu gründen, erklärte den zu seinem Geburtstag erbfreudig versammelten Nichten und Neffen (der Brut des mittellosen kinderreichen Bruders): „Ich habe meine Besitzungen verkauft, in Gold umgesetzt und dieses vergraben; aber nur ich weiß, wo es ist!“ Der Drache Fafnir, der schatzhütende Zwerg im Märchen, kann nicht realer wieder erstehen. Diese Sorte von Menschen ist es, die heute ein muselmanisches Alter erreicht; einmalig in der Geschichte wird dieses Phänomen sichtbar, da es den Medizinern gelang, mit den Infektionskrankheiten weitgehend fertig zu werden, so daß es bei der Frage der Lebenserwartung hauptsächlich darauf ankommt, wie gesund das Herz ist. Das Erziehungsklima des Bürgertums um die Jahrhundertwende führte zu einem Konservatismus ohne Beispiel, selbst in bezug auf die Lebenserhaltung. Es wird ein einmaliges Kulturphänomen bleiben.

Menschen mit einem Defizit an Uransprüchen und Selbstverteidigungsmöglichkeiten neigen aber auch zu Berufen, in denen verteidigt, gerichtet und der Ordnungsbestand erhalten wird: Viele von ihnen sind daher Rechtsanwälte, Richter, Staatsanwälte, Berufssoldaten oder Polizeibeamte. Menschen, die als Kinder in bezug auf ihre Grundrechte verängstigt wurden, neigen mit vehementem, im Grunde angstvollem Radikalismus dazu, nach dem Polizeistaat zu rufen. Sie neigen politisch zum Rechtsextremismus. Ihre Angst um den Bestand ist so groß, daß sie notfalls auch mit Gewalt die Ordnung herzustellen trachten. Die Kindererziehung des deutschen Spätbürgertums macht die entflammte Begeisterung für Hitler selbst von dieser Warte her, der Gewichtigkeit ungesättigter Bedürfnisspannungen in den Menschen, nur allzu verständlich.

Wenn unsere Anarchisten, die heute Polizisten verprügeln und Richter verhöhnen, wirklich aufgrund der realen Einsicht in Mißstände auf dem Feld der bestehenden Ordnung handeln würden, hätten wir sie als Befreier zu feiern. Aber die Gefahr einer Übersteigerung von starrer Ordnungsmacht ist seit 1945 längst bange ins Bewußtsein der Gesellschaft getreten und hat bereits viele, zum Teil positive, zum Teil zu weitgehende Folgerungen gehabt, so daß die Revoluzzer heute damit offene Türen einrennen und durch die Art ihres Handelns beweisen, daß auch sie nicht auf dem Boden der Realität stehen, sondern von ihrem eigenen Unbewußten überflutet sind. Das warnende Getöse um die Gefahr des Rechtsextremismus ist in unserem Lande unberechtigt geworden. Ein neuer Hitler, d.h. ein *rechts*radikaler Diktator wird auf legalem Wege in diesem Jahrhundert in der BRD nicht noch einmal die Macht ergreifen können; denn nur noch in den älteren Jahrgängen herrscht der militante Charakter gewaltsamen *Erhaltungs*willens vor. Was an jungen Jahrgängen im Wahlalter nachrückt, hat für die emotionale Gestimmtheit des Erhaltungsdranges kaum noch Verständnis mehr, wohl aber gelüstet es sie ebenfalls nach der Gewalt! Für sie sind, häufig abermals aufgrund irrealer Bedürfnisse, Freiheit, Gleichheit und Fortschritt viel zugkräftigere Vokabeln. Keine Partei, die konservative Elemente in den Mittelpunkt ihres Programms stellt, hat heute Chancen, aufgrund demokratischer Wahlen zur Regierung zu gelangen, weil sie den unbewußten Bedürfniskern von immer weniger Wählern treffen kann, nicht nur, weil die Alten allmählich aussterben, sondern vor allem, weil unter den Jungen immer mehr Menschen sein werden, bei denen unbewußte Bedürfnisse anderer Art vorherrschen und die Richtung ihrer politischen Einstellung bestimmen werden. In den nächsten fünfundzwanzig Jahren wird sich diese Gestimmtheit eher steigern als abschwächen.

Viel mehr Menschen der jüngeren Jahrgänge haben heute

ein Bedürfnis nach radikaler Ungebundenheit. Sie sind freiheitssüchtig. Freiheitssüchtig, ein Suchender nach Unabhängigkeit und Ungebundenheit um jeden Preis, kann man durch die verschiedensten Einflüsse in der frühen Kindheit werden. Ich schilderte in den beiden männlichen Jugendlichen am Anfang zwei typische Grundkonstellationen: die Einengung durch ein Elternhaus mit Druck- und Pfropfpädagogik oder Überbehütung oder auch, wie im zweiten Fall, durch die erotische Fesselung an den gegengeschlechtlichen Elternteil. Die jugendlichen Anarchisten heute entstammen meist noch der erstgenannten Gruppe, die Freiheitssüchtigen der zweiten Gruppe werden noch gewaltig zunehmen, weil viele junge Frauen heute ihre Söhne durch ihre angelesene Schamlosigkeit in ein generalisiertes Kämpfen um Ungebundenheit (vor allem und heimlich der vom Weib) hineintreiben. Viele Journalisten, viele, die an den Hebeln der Fernsehmacht sitzen, haben eine solche Angst vor der Dauerbindung und agieren mit ihr oft machtvoll, geschickt und triebentfesselnd. Aber die meisten wissen allerdings gerade in bezug auf den zentralen Punkt, nämlich ihre unbewußten Handlungsmotive, genausowenig, was sie tun, wie diejenigen, die sie zu enthusiasmierten Mitläufern machen. Denn bei diesen Gestörten war es gerade der Drang zur Ungebundenheit, zum schweifenden Leben, der sie zum Beruf des „freien Mitarbeiters", des „freien Journalisten" kommen ließ. Ich habe im Zug meiner Öffentlichkeitsarbeit viele Journalisten und Fernsehredakteure kennengelernt; manche tragen in großer Treue ihre Macht, ihre Verantwortung und ihre Freiheit als eine schwere Last, da sie Realitätssinn und seelische Mündigkeit besitzen; andere agieren wild auf dem Boden der eigenen seelischen Verletzung und Charakterstruktur – sie haben sie mir im Zuge der gemeinsamen Arbeit an einem Projekt häufig genug selbst dargelegt. Die übersteigerte, erotisierte Bindung an eine oft auch überbehütende Mutter verursacht eben leider eine Blockierung des sexuellen Antriebs in bezug auf das weibliche Geschlecht. Das führt häufig zunächst zu dem beschämenden Erlebnis der Impotenz in der Intimbeziehung zu einem Mädchen und deshalb später zu einem Ausweichen in andere Sexualpraktiken. Manchmal sind solche Menschen willig bereit, den absurdesten Unfug auf dem Sektor der Sexualität zu verbreiten, weil eben oft dahinter der Pfahl im eigenen Fleisch sitzt, die Sucht, zu rechtfertigen, zu beschönigen, zu befreien, auf jeden Fall doch bloß auch richtig zu lehren und zum Lernen zu bringen, damit dem anderen das eigene Unglück erspart bleibt, oder sich davon durch eine neue Norm aus der eigenen Abseitsstellung zu befreien. Es ist sehr verständlich, wenn ein Impotenter einen Feldzug zur Sexualreizung vom Säuglingsalter ab als Aufklärungsparole eröffnet, denn ohne Hilfe wie er ist, muß er zu der Erkenntnis kommen, daß Sexualität einfach ausbleibt, wenn sie nicht rechtzeitig gelernt wird. Aufgrund solcher zwar gut gemeinten, aber doch gefährlichen Laienvorstellungen entstehen leider nicht weniger, sondern viel, viel mehr und höchst ähnliche Störungen, wie ihre Propagierer sie heimlich unter einer tollschikken Schale und einem strahlenden, im Grunde aber nur scheinbaren Selbstwertgefühl verborgen mit sich herumtragen – mühsam – gelegentlich bis zum abrupten Selbstmord – ächzend unter ihrer oft nicht einmal sicher bewußten persönlichen Not. Die Befreiungssucht vieler Mitarbeiter im Medienbereich ist in den liberalen Demokratien innenpolitisch so bedenklich, weil ihr Agieren mit Entfesselungen sie auch grundsätzlich und oft gefährlich unrealistisch in die Opposition zu der Gesellschaft stellt, in der sie arbeiten. Heimlich wird hier häufig die Angst vor der elterlichen Macht auf die Gesellschaftsordnung projiziert; sie zu bekämpfen wird zum rasanten Dauermotor eines Lebens. Auf dem Boden dieser ihrer unbewußten persönlichen Bedürfnisse können sie staatliche Initiative lähmen, ja durch Zersetzung das Bestehende immer wieder unterminieren. Sie tun es unter Mißbrauch ihrer Pressefreiheit, unter genau dem Mißbrauch von Macht, vor der sie selbst so viel Angst haben, oft so wenig objekt- und sachbezogen, so unbedingt nur um der Opposition willen, daß man nicht selten den Eindruck gewinnt, daß uns Modernen eine gefährlich dämonische Macht mitten ins Wohnzimmer gesetzt worden ist.

Der Freiheitssüchtige will die Entfesselung um jeden Preis. Er zerschlägt im Wiederholungszwang alle Ketten. Inwiefern es dramatisch gefährlich sein kann, wenn dieser Drang dort herrscht, wo Zeitgeist fabriziert wird, liegt auf der Hand: Die geistig und seelisch Unmündigen unter den Konsumenten können absolute Enttabuierung nicht gebrauchen. Sie verführt sie, wenn sie keinen Überblick und keine Einsicht in das Gefüge der Schöpfung haben, zu einer Überdehnung ihrer Ansprüche. Sie mißbrauchen dann die Freiheit von den Tabus zu egoistischer

Wucherung ihrer Gelüste. Dabei geraten sie unversehens in die Abhängigkeit ihrer überblähten Antriebe. Unreflektierte Freiheitssucht führt nicht in die Freiheit, sondern in die totale Gefangenschaft durch die Herrschaft der Triebe, die Herrschaft von Macht- und Besitzgelüsten, in die Verabsolutierung der Sexualität. Totale Freiheit kann sich nur der Weise leisten, der erfahren hat, daß die Triebe sich zu dämonischen, fressenden Ungeheuern verwandeln können, wenn der Mensch sich ihnen überläßt, und der infolgedessen aufgrund dieser Einsicht ehrfürchtig und achtsam mit ihnen umgeht. Totale Freiheit gereicht nur dem zum Segen, der sie als eine schwere Last, als eine Bürde von Verantwortung auf sich nimmt und ganz bewußt seine Konflikte selbst austrägt und durchsteht – als ein Mensch, der Schuld nicht verdrängt oder abschiebt, sondern annimmt, erleidet und sie einzuschränken sucht.

Hat aber der Typ des Entfesselers die Schlüsselpositionen in unseren „Bildungsanstalten", den Massenmedien, besetzt, so kann er unermeßlichen Schaden anrichten, indem er zu einer leichtfertigen Lebensführung verlockt, das Elend in Massen heraufbeschwört.

Übrigens: Seit ein Teil der Lehrerschaft sich nicht mehr als Diener des Staates empfindet (als solche fing sie viele Bestandserhalter auf), werden Menschen mit einer solchen Grundschwierigkeit nicht selten auch Lehrer. Den beschädigten Geist erkennt man u. a. daran, daß ein Junglehrer es sich zum Hauptziel macht, seine Grundschüler zu einem „kritischen Bewußtsein" zu erziehen. So notwendig kritisches Bewußtsein ist, so wenig kann es alleiniges Klassenziel sein. Kritikfähigkeit ist eine Sache von Einsicht, Beobachtung, Erfahrung, vor allem aber des *Wissens*. Legt ein Lehrer in einer übersteigerten Weise keinen Wert auf Wissensvermittlung, so macht er sich verdächtig, seine Schüler nicht in einem gestaffelten System wirklich mündig und kritikfähig machen zu wollen, sondern aufgrund seiner eigenen Befreiungsnot unrealistisch zu agieren; denn solche Nur-Kritik wächst bei diesen jungen Schülern auf dem Boden der oppositionellen Einstellung des Lehrers, die sie – von ihm zur Unfreiheit manipuliert – kritik*los* übernehmen. Sind sie aber erst einmal verhetzt gegen alles, was oben ist und sie von dorther fesselt, haben sie keine Möglichkeit mehr, sich an Vorbildern zu orientieren. Das macht sie wirr und richtungslos. Richtungslosigkeit kann der Mensch überhaupt nicht ertragen, er muß unzufrieden und verzweifelt auf die Suche gehen. Sind die positiven Vorbilder verleidet, so erscheinen den Jugendlichen die negativen doch entlastender als das blanke Nichts. Durch eine „Führung" dieser Art gezwungen, nimmt der Jugendliche schließlich auch Vorbilder an, die viel mehr „Herrschaftsanspruch" haben als die Väter, die Mütter, die angekränkelten Autoritäten unserer Demokratie, gegen die man ihn aufhetzte.

Um jeden Preis zu befreien ist bedauerlicherweise auch das Motiv für manche skurrile Einstellung unter jungen Pfarrern. Während die meisten älteren unter ihnen durch das asketisch stramme Christentum ihrer Elternhäuser zu konservativer Geisteshaltung getrieben wurden, haben die jüngeren bereits mehr legere Mütter, aber noch streng patriarchalische Väter gehabt. Diese Väter zu entthronen ist bei manchen jungen Pfarrern unrealistisch und absurd *der* Wiederholungszwang ihres Lebens. Sie hängen dieses Bedürfnis an den Himmel und entthronen, ohne zu wissen, was sie eigentlich meinen, Sonntag für Sonntag mit keckem Getöse Gott-Vater und ernennen den Sohn Christus zu einem Sozialrevolutionär. Ich habe, wenn ich aufgrund meiner Vortragstätigkeit in den Dunstkreis eines solchen „Vatermörders" geriet, den hektischen Agierer oft nach dem Beruf seines Vaters gefragt. Fast immer ist der selbst Pfarrer gewesen, und zwar wohl meist einer, der sich in einer für den kleinen Sohn unerträglichen Weise auf den hohen Thronsessel von Gott selbst gesetzt hatte. Was für ein Mißgeschick für unsere Zeit, die den Vater, den Schöpfer Himmels und der Erden, so orientierungslos sucht, so dringend braucht! Wie bitter nötig haben wir Hirten und Lehrer des Glaubens! Es ist Mißbrauch, ein Hirtenamt zum Tummelplatz eines nicht überwundenen Ödipuskomplexes zu machen!

Zu den staunenswerten Erfahrungen meines Metiers gehört es, daß oft gerade seelisch schwerkranke Menschen einen Beruf im sozialen Bereich anstreben. Rauschgiftsüchtige wollen bevorzugt Sozialarbeiter werden, Menschen mit den Merkmalen eines zerfahrenen Krankseins in der Handschrift fragen bei mir an, wie sie Psychagoge werden könnten. Wieviel staunenswerte Unausgeglichenheit gibt es unter vollanalysierten Psychotherapeuten, wie viele psychisch Kranke erlebte ich unter den Psychologiestudenten und unter den Psychiatern! Die Witzblattphantasie, daß der Umgang mit Irren den Arzt schließlich selbst verwirre, enthält eine gelegentlich berechtigte Beobachtung: daß ein erheblich psychisch kranker Mediziner nicht selten in die Fachausbildung zum Psychiater geht in der dumpfen unbewußten Suche nach Heilung von der eigenen Verwirrtheit, der eigenen Kontaktunfähigkeit. Und da die Intelligenz meist hinreicht, um das Berufsziel auch zu erreichen, ist dieser Irrtum von grotesker Tragik – für Heiler und Kranke! Denn ein Blinder kann Blinde nicht über eine Brücke führen. Diese Unfähigkeit ist besonders in einem sozialen Beruf bedauerlich. Zum Ausüben eines solchen Berufes braucht der Mensch eine große Menge an überschüssigen Kräften, braucht er ein gefestigtes Ich, um den vielen Geschwächten, Gestrauchelten oder Haltlosen, denen er beruflich begegnet, gewachsen zu sein und ihnen wirklich helfen zu können. Aber die sozialen Berufe stellen keine Ausnahme von der Regel dar, daß der starke Druck ungesättigter Bedürfnisse den Menschen dazu bringt, ihn in die Außenwelt und damit häufig auch in die Berufswahl zu projizieren. Wer sich durch gänzlich unbewußte Erfahrungen seiner ersten Lebenszeit bedingt exzessiv nach Geborgenheit und Schutz sehnt, verwechselt eben nur allzu leicht sich selbst mit den anderen und glaubt, die Begabung zu besitzen, den Schutzlosen zu helfen, obgleich er doch selbst in seiner Seele immer noch friert und nach Auflösung des eigenen Elends strebt. Das Agieren auf diesem Feld kann deshalb fatal sein, weil mancher seelisch kranke Sozialarbeiter seine subjektiven Probleme mit denen der Hilfsbedürftigen vermischt: Er macht sich zum Racheengel gegen die lieblosen Eltern, zeigt ihnen ihre Wertlosigkeit, indem er ihnen, da sie doch nichts taugen, die Kinder wegnimmt und gnädig unter seine, nein, unter die Flügel seiner Institution bringt, nämlich in ein Heim. Sicher ist das in vielen Fällen ganz objektiv und realitätsgerecht nötig, und viele kluge Fürsorger handeln aufgrund gründlicher Überlegung und Erfahrung. Aber es gibt auch das kranke Agieren, das Handeln aus verstecktem projiziertem Haß, aus unbewußtem Neid auf jemanden, der dem kranken Helfer glücklicher, reicher und geborgener erscheint, als er sich selbst fühlt. Man kann den Kranken in sozialen Berufen an dem Grad seiner Realitätskontrolle, an dem Grad seiner Einfühlungsmöglichkeit in andere Menschen erkennen. Meist decouvriert er sich rasch und verblüfft den Hilfesuchenden durch zurückstoßendes, oft auch spitzig aggressives Verhalten, ohne daß dazu auch nur der geringste

Anlaß gegeben wäre. Dem Kranken ist gerade eines nicht möglich: die Zuwendung seines Gegenübers als Freundlichkeit und Mitmenschlichkeit zu erleben. Die eigene, meist frühkindliche Urenttäuschung am Menschen macht ihn zu einem fundamental Mißtrauischen, ja Feindseligen. Ihm geht das Gespür der Unterscheidung von Freund und Feind, von positiver Zuwendung und echter Gefährdung seiner Person ab. Er reagiert automatisch und unangemessen mit Abwehr, auch dort, wo sich eine freundschaftliche Beziehung, eine Gemeinsamkeit, ein warmer Kontakt aufbauen ließe.

Die Fähigkeit zu besonnener, genauer Beobachtung und unvoreingenommener Offenheit für den anderen ist die notwendige Voraussetzung für die Qualifikation zu sozialen Berufen. Den seelisch kranken Sozialhelfern fehlt oft gerade diese Fähigkeit, sie sehen aufgrund ihrer Vorgeschichte den „Wald vor lauter Bäumen" nicht und sind aus Mangel an hinreichenden positiven Kontakterlebnissen in der frühen Kindheit geradezu kontaktunfähig. Sie sind wie die „Elefanten im Porzellanladen", statt Behutsamkeit und vorsichtigen Respekt den Hilfesuchenden gegenüber walten lassen zu können. Die Ursache dafür ist, daß unbewußte Geborgenheits- und Schutzbedürftigkeit bei denjenigen zur unangemessenen, entweder aufdrängenden oder zurückstoßenden Haltung wird, die Bergung in einem unzureichenden Maße erfuhren. Und sie erkennen diesen ihren blinden Fleck nicht, selbst wenn sie noch so intelligent sind; und sogar eine langfristige Psychoanalyse bei einem Lehranalytiker kann nicht immer das schwelende Defizit an Geborgenheits- und Kontaktbedürfnis für alle Zeiten beseitigen.

Einen Charakter zu haben, der im Wiederholungszwang die anderen zurückstoßen muß, ist eine schwere, tragische Last – für den Betroffenen ebenso wie für seine Umwelt. Ich habe in meiner Praxis die Erfahrung gemacht, daß diese seelische Verletzung am ehesten durch Trennungserlebnisse von der ersten Bezugsperson jenseits des sechsten Lebensmonats entsteht. Da Kinder notwendigerweise ihre Betreuerin bis zu diesem Zeitpunkt kennen und von anderen Personen zu unterscheiden gelernt haben müssen, geraten sie erfahrungsgemäß – von der Umwelt oft gar nicht registriert – in eine große existentielle Not, wenn diese Person innerhalb der nächsten anderthalb Jahre für längere Zeit aus ihrem Blickfeld verschwindet. Diese Not des Verlassenseins äußert sich oft lebenslänglich als Charakterzug der Feindseligkeit, der übertriebenen Empfindlichkeit, des rachsüchtigen Beleidigtseins. Das frühkindliche Trauma ist ein grausamer Prägestempel, denn auch Frustrierte dieser Art sind im Grunde ihrer Seele neidisch auf die Freundlichen, die Kontaktfähigen, auf die echt Hilfreichen, auf die, die Geborgenheit haben. Und sie neigen daher dazu, sich den Ideologien der Habenichtse zu verschreiben. Denn wenn sie schon frieren müssen in dieser bösen Welt, dann sollen es andere auch nicht besser haben. Sie verfallen deshalb mitläuferisch leicht jenen Demagogen, die behaupten, nicht nur selbst gern das einfache Leben in der Tonne des Diogenes führen zu wollen, sondern die auch alle anderen zwingen wollen, es genauso ungeborgen, genauso provisorisch, genauso eng und ungemütlich zu haben, wie sie sich selbst im Grunde ihrer Seele fühlen.

Da unbewußte Gestimmtheiten dieser Art heute bei immer mehr Menschen entstehen, weil sie in der ersten Lebenszeit unangemessen und unzureichend gepflegt wurden, da sie *damals* seelisch Frierende, Alleingelassene, *immer wieder* Verlassene waren, nehmen irreale Reaktionsformen der eben beschriebenen Art immer mehr zu. Deshalb ist die Hilfswilligkeit, die hektische Humanitas für die Fernen in Vietnam, Arabien oder Biafra oft so wenig überzeugend, mit Recht so verdächtig: weil viele der lauten Schreier durch ihr Verhalten im Alltag wenig vom Erbarmen, vom Einfühlen, vom Leiden mit den Menschen in ihrer direkten Umgebung erkennen lassen, weil sie dort, wo es darauf ankommt, Humanitas wirklich zu leben, so total versagen, so unmenschlich egozentrisch sind. Der gefährlich rücksichtslose Autofahrer mit dem Plakat am Heck „Hilfe für Vietnam" überzeugt nicht. Er erweist durch seine Fahrweise, daß er absolut kein Gespür für die Angstschocks seiner Mitmenschen auf der Straße hat, wenn er sie in hohem Tempo mit aggressivem Sadismus schneidet. Es darf aufgrund solcher Verhaltensweise wohl angenommen werden, daß sein Einsatz für Vietnam auch nicht mehr ist als ein oppositionelles Lippenbekenntnis, statt vom Mitleiden mit diesem vom Krieg geschlagenen Volk getragen zu sein.

Wir sollten uns Sorgen machen um die Crew an den Schulen für Sozialpädagogik, in den psychologischen Instituten unserer Universitäten, auf den pädagogischen Hochschulen. Es ist nicht mehr zu verantworten, nach Zensurenmaßstab aufgrund von reinem Prüfwissen hier Auslese zu betreiben. Denn wenn zu viele Kranke in diese Berufe strömen, bleibt die Hilfe für die Bedürftigen aus. Darüber hinaus kommt es zu einer gefährlichen Potenzierung schädlicher Impulse. In der Generation der Jahrgänge nach dem Zweiten Weltkrieg hat die Zahl der jungen Menschen, die mit einem erheblichen Sättigungsdefizit ihrer existentiellen Bedürfnisse behaftet sind, enorm zugenommen. Viele junge Menschen haben nicht nur auf einem Sektor einen Mangelzustand, sondern auf mehreren. Wer sich ungesättigt, ungeborgen, verlassen, seelisch verhungert fühlt und gleichzeitig unter Angst vor Beengung, Unterdrückung und unangemessener erotischer Fesselung steht, wer die Wut gegen einen prügelnden Vater, eine zeternde Mutter mit sich herumschleppt, kann schließlich sogar ein elementar Hassender werden, einer, dessen Frustrationspegel so hoch ist, daß er unter die Vorherrschaft des Rachedurstes gerät. Dumpf, ohne Einsicht geschieht das: Rache zu nehmen, den Haß zu entlasten wird zum Drang. Die mit Haß Agierenden aber können den Haß in der Welt rasch vervielfältigen, besonders wenn sie ihr Betätigungsfeld unter psychisch Kranken haben. Es ist geradezu folgerichtig, daß kranke Demagogen bei Süchtigen, Strafgefangenen und Fürsorgezöglingen ansetzen und dort auch sehr erfolgreich wirken. Es ist auch eine wenig phantasiereiche Idee, diesen Haß mit politischen Zielen und politischen Inhalten zu bemänteln und die Revolution vorzubereiten. Die Gesellschaft war zu allen Zeiten leicht angreifbar, denn sie ist grundsätzlich unvollkommen und so voller Fehler, wie wir alle nun einmal sind. Das Heidelberger „Patientenkollektiv“ war ein geradezu klassisches Modell solcher Handlungsketten, das uns drastisch im kleinen offenbart hat, was heute vielerorts, nur ein wenig abgeschwächt, vor sich geht. Es ist mit den Systemveränderern dieser Art genauso, wie Motschmann es kürzlich in einer allegorischen Geschichte dargelegt hat: Drei Menschen sitzen zu Tisch – einer muß sich nach der Mahlzeit erbrechen und erklärt, der Fisch sei verdorben gewesen. Die beiden anderen nehmen das bedauernd hin, obgleich ihnen nicht schlecht geworden ist. Am nächsten Tag essen sie Eintopf, abermals bekommt das Essen dem einen nicht, den anderen aber wohl. Er behauptet, das Fleisch in der Suppe sei unbekömmlich gewesen. Nach Wochen wird deutlich: Es handelt sich um eine Verwechslung von Anlaß und Ursache: Der Magen des einen war krank, so daß ihm subjektiv das Essen unbekömmlich war. Viele Menschen, denen „das Essen“ unseres Lebens unbekömmlich erscheint, geben einsichtslos der Art dieses Lebens die Schuld, statt zu erkennen, daß die Schwierigkeiten fundamental und behindernd in ihnen selbst sitzen. Wir züchten heute geradezu einen Menschentyp, der zu allem und jedem „Nein“ sagt, den Nein-Sager um jeden Preis. Und zwar zeigt sich die Verweigerungssucht dieser Menschen keineswegs erst in der Pubertät, keineswegs erst im Grundschulalter, sondern oft schon am Beginn des Kleinkindalters. Diese Kinder gehen mit einem Grundzug von Unbehagen, von Unzufriedenheit, von oppositioneller Verzweiflung in ihr Leben. Manchmal haben das Verletzungen unter der Geburt, manchmal eine langanhaltende Klinikphase, öfter aber ihr „Postpaketdasein“ im ersten Lebensjahr bewirkt. Als Traumatisierte, seelisch Verletzte, durch ein unangemessenes Kinderschicksal Feindselig-Gemachte treten immer mehr Menschen ihren Lebensweg an. Ich kann diese Gegebenheit an Hunderten von Vorgeschichten meiner Patienten beweisen und habe die notvollen Zustände, die für uns in der Zukunft entstehen und uns ins Verderben stürzen werden, wenn wir ihre Ursachen nicht bald auszuschalten versuchen, in genau der Weise, wie es nun eingetreten ist, in den fünfziger Jahren voraussagen können.

Nicht jeder Mensch ist zu jeder Weltanschauung manipulierbar. Wir nehmen nicht einfach unausgelesen an, was uns die Umwelt bietet, wir ahmen nicht unterschiedslos alles nach. Unser Stellungnehmen, unser Parteiergreifen ist eine Folge seelischer und geistiger Vorgänge in uns. Wir können uns aufgrund von Erfahrungen, Beobachtung und Überlegung so und nicht anders entscheiden – wir können nur allzu leicht objektiven Anlaß und subjektive Ursache verwechseln, wenn unsere innere Not zu drängend ist: Ideologien der Verneinung, der Zerstörung, des Hasses und des Protestes müssen um so mehr ein Gefühl flammender Übereinstimmung erzeugen, je mehr man die innere Gestimmtheit durch eine scheinbar objektive Theorie bestätigt findet, je mehr sich *erstmalig,* einmalig Hoffnung am Horizont zeigt: die Hoffnung, durch eine „Bewegung“, durch einen Zusammenschluß aller, die „rechtlos“ sind wie man selbst, der Gerechtigkeit zum Durchbruch zu verhelfen. Der Zusammenschluß mehrerer Kranker ist aber im höchsten Maße gefährlich, wie das Heidelberger Modell, wie die Baader-Meinhoffs bewiesen haben: Wo das Dynamit regiert, beginnt das Chaos und nicht eine neue, eine bessere, eine konstruktive und menschlichere Zukunft! Kranker Geist kann nicht aufbauen, kranker Geist kann der Welt keine Lebenskräfte schenken, da es ihm gerade daran mangelt. Es wird immer kranken Geist in der Welt geben, aber es ist die Aufgabe derer, die diese Zusammenhänge durchschauen, dafür zu sorgen, daß es nicht zu einer Springflut der Verneinung, zu einer derartigen Zunahme psychisch Kranker kommt, daß das Feld von ihnen beherrscht wird. Der in der Tiefe seiner Seele Schutzlose hat ein intensives Bedürfnis, sich mit Gleichgesinnten zusammenzuschließen. Er fühlt sich allein, er fühlt sich schwach. In der Gruppe Bergung zu finden ist eine folgerichtige Hoffnung. Obgleich psychisch Kranke dieser Art nicht echt gemeinschaftsfähig sind – dazu fehlt ihnen Einfühlungsvermögen und überschüssige Kraft für den anderen – rotten sie sich zusammen. Geradezu magisch werden Kranke, die von den gleichen Bedürfnissen gedrängt werden, voneinander angezogen, so daß, wenn einige sich zusammengeschlossen haben, sich der Geist der Zerstörung, der dumpfe Rachedurst potenziert. Aggressive Gemeinschaftstaten sind das Ergebnis. Denn solche Menschen empfinden sich dumpf mit Recht als Zerstörte und setzen in selbstmörderischer Wut dazu an, allen anderen das gleiche Schicksal zu bereiten. Es ist ihnen selbst gänzlich gleichgültig, daß sie sich dabei ins eigene Fleisch schneiden. In Besessenen dieser Art dominiert der Todestrieb. Sie haben kein Interesse daran, zu überleben. Ihr Rachedurst und ihr Zerstörungswille beherrschen in dranghaftem Wahnsinn, in selbstmörderischem Totalitarismus das Feld.

Auch im Hinblick auf ein Agieren mit sozialen Reformen kommt es bei irreal Bedürftigen zu Mißbrauch und Übertreibung. Jeder, der heute mit wachem Verstand die Entwicklung in den sozialliberalen Staaten mit hohem Lebensstandard beobachtet, muß zu der Erkenntnis kommen, daß es im Großen nicht anders ist als im Kleinen, im Kollektiven nicht anders als im Individuellen: Wo der „Vater Staat" seinen Bürgern in einem Unmaß die Sorge um ihre Existenz abnimmt, wirkt er weniger wie ein Vater, sondern eher wie eine gefährlich verwöhnende Großmutter: Er unterbindet Initiative, macht lahm, träge und unglücklich-unzufrieden. Er bewirkt Schlampigkeit, Bequemlichkeit und gesundheitsschädigende Genußsucht.

Realitätsgerechte Beobachtung müßte uns anhand dieser Entwicklung die Grenzen des Sozialismus, die Grenzen der Verwöhnung in bezug auf die Konkurrenzfähigkeit mit anderen Völkern deutlich werden lassen. Die Unfähigkeit, solche Einsichten zu haben, an der Realität zu lernen und hier und da Kursänderungen zu einem gesunden Maß zu entwickeln, läßt den Verdacht entstehen, daß mit ideologischer Besessenheit, statt mit Realitätssinn regiert wird! Das ist um so leichter möglich, als vielen Wählern heute ein solches Lernen an der Wirklichkeit des Mißerfolges durch eine ähnliche Bedürfnisspannung verwehrt ist. Sie sind geradezu von der fixen Idee besessen, daß die Gesellschaft für alles aufzukommen habe, daß sie das aber nicht tut und statt dessen blutsaugerisch ihre armen Kinder verkommen läßt. Der Projektionsmechanismus, der dahinter verborgen ist, heißt: Du böse Mutter, du böser Vater – ihr wart so egoistisch und dachtet nie an mich. Ich werde euch den Stuhl vor die Tür setzen und mir einen Versorger suchen, der meine säuglingshaften Bedürfnisse endlich erfüllt.

Den Hypersozialismus zum Gott ernennen die Menschen, die sich nach dem forderungslosen Säuglingsleben an der Brust einer ewigspendenden Mutter zurücksehnen, die sie unmäßig und viel zu langhaltend bemutterte oder die ihnen – aus welchem Grunde auch immer – vom Schicksal verwehrt wurde. Und je weniger unsere Kinder Mutter-satt werden, desto mehr wird in ihnen der Schrei nach der totalen Versorgung ohne Gegenleistung zum irrealen Fanal werden. Übertreibungen mit dem sozialistischen Gedanken in liberal-demokratischen Staaten bedeuten Selbstmord dieses Systems. Er muß durch die Eskalation der sozialen Maßnahmen, durch die steuerliche Überlastung der Fleißigen, die man dadurch entmutigt und einschränkt, in derartige wirtschaftliche Krisen geraten, daß er die sozialistische Diktatur, die den Menschen die Freiheit nimmt und in die Anspruchslosigkeit zwingt, heraufbeschwört. Dieser Weg zeichnet sich für uns bereits in dem Maße als der Weg der Zukunft ab, als viele Kinder durch Verwöhnung zu fettleibigen Schlaraffenlandschmarotzern fehlentwickelt werden. Verwöhnte Kinder lernen nicht das Knacken der Nüsse des Lebens. Bei aller Überhäufung mit Gaben werden sie dennoch nicht reich und kräftig, sondern fühlen sich arm und schwach. Denn man nimmt ihnen die Möglichkeit, Spaß am Sichdurchboxen, Freude an der Überwindung von Schwierigkeiten, Interesse an der Herausforderung und durchhaltenden Arbeitslust zu entwickeln. Die Passivität der Verwöhnten wird von diesen aber nicht als Glück erlebt. Sie sind nicht etwa besonders genußfähig, sie werden nicht etwa zu Lebenskünstlern der gelassenen Freude – nein, sie werden zu Verdammten des Überdrusses, der Gleichgültigkeit und der Langeweile; sie werden zu unruhigen Kuckucksvögeln, die nach Sofortbefriedigung durch jene Instanz heischen, die sie in ihrem Erwachsenenleben an die Stelle der persönlichen Bezugsperson setzen: ihren selbstgewählten „sozial-liberalen" Staat. Diese Katze beißt sich in den Schwanz: Je mehr Menschen eine Haltung dieser Art erwerben, je mehr Wähler es gibt, die durch Versprechungen ohne Gegenleistung in ihrer Wahlentscheidung bestimmt werden, desto weniger kann eine „sozial-liberale" Regierung sinnvolle Kurskorrektur vollziehen. Das friedliche Täubchen, der „liberale Sozialismus", klebt so lange auf diesem Leim, bis die Katz', der imperialistische und diktatorische Sozialismus, es holt.

Wenn man diese Zusammenhänge erfaßt, wird einsichtig, wie sehr Völkerschicksal abhängig ist vom Erziehungsstil, genauer: von der Lebensform und Einstellung der Erziehenden und der Kleinkinderversorgung, die in den einzelnen Ländern üblich ist. Erfahrungen in der psychagogischen Praxis lassen einige Schlüsse zu, auf welche Weise verschiedenartige kollektive Geisteshaltungen durch verschiedene Umgangsweisen mit den jungen Kindern vorbereitet werden können. Der starke charakterprägende Einfluß der Umgangsweisen mit den Kindern in ihren ersten fünf Lebensjahren ist den Menschen bisher noch keineswegs in dem Ausmaß bewußt, wie es nötig wäre, um echt „progressiv" wirksam werden zu können! Ich pflege in meinen Vorträgen die skeptisch dreinblickenden Mütter mit folgender Beobachtung zu überzeugen: Wie sehr die ängstliche, besorgte, aufmerksame, bemühte Haltung der Mutter dem erstgeborenen Baby gegenüber sich als ebenso schwernehmende, bange, ordentliche und bemühte Haltung des Erstlings im Umgang mit der Schule zeigt und wie bei den Nachgeborenen die mütterliche Unbekümmertheit, Sicherheit, ja selbst die gelegentlich vorkommende Nachlässigkeit mit den Jüngeren sich in deren unbekümmert leichtnehmenden Arbeitsverhalten geradezu wie ein Echo wiederholt. Die Prägbarkeit aber wird zum Pferdefuß, wo seelische Verletzung sich zum negativen Charakterzug, zum schwelenden chronischen Eiterherd aufwirft.

Weitschauende Politiker könnten sich durch entsprechende Maßnahmen eine Erwachsenengeneration heranziehen, die die Zukunft ihres Staatswesens sichern kann, statt sie zu blockieren oder gar zu unterminieren. Das hat zwar durch die Einflußnahme auf die Schulen schon jeder Staat versucht; aber der Ansatz ist im Grunde bereits zu spät und daher keineswegs so effektiv, wie ein Ansatz durch Pflegeempfehlungen und Erziehungsvorschläge für die ersten Lebensjahre des Menschen. Manche Diktatoren nutzen heute dieses Wissen machtmanipulatorisch aus: Sie erzeugen durch eine langanhaltende Phase der Mutter-Kind-Bindung, in der immer noch lange gestillt wird, eine freudige Grundstimmung der Lebensbejahung, eine Gestimmtheit von Dankbarkeit, Einsatzbereitschaft und Verantwortlichkeit. Sie unterbinden durch eine Kollektivierung im Kleinkindalter eine allzu individuelle Entfaltung und indoktrinieren dann mit hämmernden Rhythmen vom Schulalter ab die Inhalte ihrer politischen Parolen. Diese Mischung erzeugt einen stabilen, ein wenig uniformen Gemeinschaftssinn, eine Möglichkeit, auch ziemlich viel Unbequemlichkeit ertragen zu können, ja zu sagen zu harten, oft auch überpersönlichen Zielen. Die unbewußten Bedürfnisse, die auf diese Weise ein Defizit erleiden, sind der Besitztrieb und das Streben nach individueller Expansion. Werden diese Antriebe später zu Parolen wie „Volk ohne Raum“ oder zu Ideen zur Befreiung anderer Unterdrückter ausgenutzt (Proletarier aller Länder, vereinigt euch!), so ergibt sich aus diesem Defizit die Möglichkeit zu einem leistungsfähigen und invasionsbereiten Soldatentum.

Politiker in liberalen Systemen aber, die die Auflösung der Familie, die totale Versorgung der Kinder durch Institutionen, die absolute Berufstätigkeit der jungen Familienmütter, Scheidungserleichterung und Sexualisierung der Kinder auf ihrem Programm haben, handeln sich ein Heer von Renegaten, ein Heer von selbstmörderischen Systemüberwindern ein. Wohin bei der Konstellation der politischen Kräfte in der Zukunft überwunden werden wird, darüber kann wohl kaum ein Zweifel bestehen – eben hin zur Machtübernahme durch linksextremistische diktatorische Regime. Jede Diktatur, selbst die des Proletariats, aber bedeutet nicht Fortschritt, sondern Behinderung des Menschen, denn sie trachtet danach, um der Macht willen den Menschen in seiner Entfaltung zu beschneiden, zu der er berufen ist: nämlich zu individueller Mündigkeit, zu Entscheidungsfreiheit und personaler Urteilskraft. Diktatoren unterbinden dieses Lebensbedürfnis des Menschen und erzeugen dadurch ein Übermaß aggressiver Energien, die sie zu Eroberungs- und Bemächtigungszwecken verwenden. Deshalb können wir uns eine Zukunft dieser Art nicht wünschen, denn sie bringt nicht den Fortschritt, den der Mensch sich aufgrund der in ihm angelegten Möglichkeiten ersehnt. Echter Fortschritt ist nur zu erzielen, wenn wir eine liberale Gesellschaftsform anstreben, in der jeder so mündig ist, daß er sein Leben verantwortungsbewußt führt und Aufgaben, auch überpersönlicher Art, übernimmt, statt säuglingshaft vor allem nach Versorgung zu schreien. Die Bereitschaft und Möglichkeit zu solcher Mündigkeit entsteht aber nur, wenn in der Innenpolitik mit aller Sorgfalt und mit der Priorität, die diesen Bereichen zukommt, für eine seelisch gesunde Entwicklung der Kinder alles nur Erdenkliche getan wird. (Das Programm dazu ist auf S. 150f. dieses Bandes nachlesbar.)

Nur Menschen, die als Erwachsene nicht von irrealen Urbedürfnissen heimlich und unbewußt getrieben und bestimmt werden, sondern die als junge Erwachsene aufgrund von Beobachtungs- und Einsichtsvermögen, aufgrund ihres gesunden Menschenverstandes urteilsfähig geworden sind, sind wahlmündig im echten Sinne. Es ist nicht nötig, daß die Menschheit weiter unter den Springfluten unrealistischer Impulse und Zeitströmungen leidend an ihrer Höherentwicklung behindert wird. Mit mehr Hellhörigkeit für unsere eigenen unreflektierten übertrieben radikalen Haltungen, mit mehr Wachheit für die Grundbedingungen der Art Mensch können wir uns und unseren Kindern dazu verhelfen, ausgeglichener, reifer, ja bewußter zu werden. Die Bewußtseinsveränderung, die wir brauchen, kann nicht darin bestehen, daß alle Leute schließlich von dem Wahn ergriffen werden, daß diese gesamte freie Welt nichts anderes vorhat als den Schwachen auszubeuten. Wir brauchen eine Bewußtseinserweiterung über all die unbewußten Motive, die zu solchem übersteigerten simplifizierenden Radikalismus führen. Denn nur wenn wir unsere eigene Achillesferse erkennen, wenn wir nachdenklich erfassen, an welcher Stelle wir in der Gefahr sind, irreal zu agieren, können wir mit Hilfe dieser Einsicht zu einer besseren Kontrolle über uns selbst kommen. Haben wir unser Defizit im Bewußtsein, so können wir es in einer realistischen und individuellen Weise zu füllen suchen: Der Schutzsuchende kann sich die gemütliche Behausung gestalten, er kann, wenn er um seinen Automatismus des Zurückstoßens weiß, versuchen, anderen Menschen offen und vertrauensvoll zu begegnen; der Ungesättigte kann bewußt seine Bedürftigkeit aussprechen und vom Partner Verständnis erbitten, der Bewahrende kann, einmal satt für die materielle Sicherheit seiner Person sorgen und das Kapitel dann abschließen, ohne das Bedürfnis weiter zu verallgemeinern; der Gefesselte muß sich bewußtmachen, daß die Frauen, denen er begegnet, wirklich nicht seine Mutter sind und er Befreiung von ihr auch nicht weiter zu spielen braucht. Auf diesem Wege kann dann endlich Friede in die Seelen einkehren, Friede und eine Ausgeglichenheit, die das Merkmal seelischer Gesundheit ist.

Nur wenn die Mehrzahl eines demokratischen Kollektivs einigermaßen seelisch gesund ist, kann es bestehen; denn nur dann sind viele Menschen in der Lage, findigen oder kranken Demagogen die Gefolgschaft zu verweigern. Der Ausgeglichene kann zuhören, abwägen, das Gehörte in einen Bezug zu seiner Lebenserfahrung setzen und sich ein Urteil bilden. Der zu seelischer Mündigkeit Erzogene verliert seine dumpfe Beeinflußbarkeit und entdeckt seine eigenen Leuchttürme. Er lernt aus seinen Krisen, aus den Nöten seines Lebens, fragt nach ihrem Sinn und findet an der Erfahrung neue, gangbare Wege in der Wirklichkeit. Ein Mensch, der nicht an seine ungesättigten Bedürfnisse gefesselt ist, ist gekennzeichnet durch seine Wandlungsfähigkeit, durch Offenheit und Unvoreingenommenheit. Die Entscheidung des starren Menschen läßt sich voraussagen. Er reagiert auf die an ihn herantretenden Probleme aufgrund seiner unbewußten Mechanismen wie ein Automat.

So läßt sich auch voraussagen, daß ein erheblicher Teil jener Journalisten, die jetzt so fleißig entfesseln und für den Marxismus eintreten, nur weil das die Spießer schockiert, auf jeden Fall „dagegen" sein werden, wenn wir mit Hilfe der Systemüberwinder das Klassenziel, nämlich eine neomarxistische Regierung, erreicht haben werden; denn so viel ist gewiß: die Crew der Entfesseler und Oppositionellen wird dann sehr rasch durch eine Crew von Konformisten ersetzt werden, wie es für die Medien in den unfreien Staaten kennzeichnend ist. Für die armen Entfesseler kommt dann die Stunde des bösen Erwachens. Denn ist die Freiheit erst einmal im großen verspielt, läßt sich auch im kleinen nicht mehr mit ihr agieren. Dann, wenn für sie der Kampf für die Freiheit erstmalig realitätsgerecht sein würde, hätten sie keine Möglichkeit mehr dazu – es sei denn, sie nähmen es in Kauf, aufgrund ihrer Tätigkeit sehr schnell im Elend der Stellungslosigkeit oder gar in Gefängnissen und Heilanstalten zu verschwinden. Diese bittere Realität zerbricht freilich dann meist doch den Drang, mit Opposition zu agieren. Aber das kann uns, die wir den unheilvollen Einfluß eines unreflektierten Agierens mit Entfesselung in unseren Medien heute so vielfältig erleben, wenig trösten. Wenn die Stunde zum Gesundwerden für den einzelnen schlägt, ist es für die vielen wie für ihn zu spät. Verspielte Freiheit läßt sich manchmal erst nach Jahrzehnten oder Jahrhunderten wiedergewinnen.

Nicht Opposition um jeden Preis, nicht Bewahrenwollen um jeden Preis ist das Kennzeichen des seelisch Gesunden. Sein Kennzeichen ist die Fähigkeit zur Flexibilität. Er bleibt ein Werdender, einer, der durch seine Erfahrungen, durch seine Schicksalsverletzungen den Mut zum Austragen und Durchstehen von Konflikten und im Hinschauen auf das Leben den Geist lernfähiger Wendigkeit entwickelt hat. Wer diesen Geist heute besitzt, kann an unserer rasanten Zeit und unserer so phantastisch erweiterten Informationsmöglichkeit mehr lernen, als es Menschen früherer Zeiten innerhalb ihrer Lebensspanne möglich war. Wir haben so viele Grenzsituationen der Menschen miterleben können: die Grenzen eines wahnwitzigen Rassismus und Nationalismus, die Grenzen der sozialen Diktatur und des liberalen Sozialismus, die Gefahren der Befreiung und Entfesselungen ohne staatliche Struktur und ohne Verwurzelung in einer Tradition, die Teufelskreise der Talionsgesetze, den Größenwahn der Gläubigkeit an eine mechanistische Verwissenschaftlichung des Lebens. Wir Bürger Westdeutschlands erleben bekümmert die verheerende Unbekömmlichkeit von Wohlstand und Freiheit, wenn die Menschen geistig nicht so reif sind, daß sie diesen so ersehnten Geschenken gewachsen sind. Was könnten wir in unserem Schnellzug der rasanten Abläufe nicht alles anhand all der wildwüchsigen Maßlosigkeiten über das notwendige Maß lernen! Wir könnten aus der Fülle der Fakten, die uns zur Verfügung stehen, inhaltsreiche Folgerungen ziehen, wenn wir die Eierschalen unserer frühkindlichen Verhaftungen abwürfen und uns zuhörend und wach vor allem der Beobachtung verschrieben. Dann würde sich vor allem eines zeigen: daß jede Einseitigkeit, ganz gleich, ob sie sich im Charakter des einzelnen oder in einem politischen System ausdrückt, eine Sackgasse ist. Ja, Einseitigkeit wird rasch zur Existenzgefahr, wenn sie mit wildem Radikalismus ihre Grenzen übertritt und zum Bemächtiger wird, in den Totalitarismus führt.

Aber gerade an den Untergängen, gerade an den Sackgassen der Menschen im Einzel- und Gruppenschicksal zeichnet sich ein Gesetz, eine Struktur, ja geradezu ein Plan ab: Diese Schöpfung in all ihrer verschwenderischen Fülle von „Stirb und Werde" will uns durch ihre Vielfältigkeit zur Klarheit führen: zu einem Zustand des Erkennens, der Bewußtheit, in dem der Vorrang und die Verwirklichungsmöglichkeit eines konstruktiven Geistes sichtbar wird. Die Menschheit ist erst auf dem Weg zum Menschen, zu einem Grad von Bewußtheit, in dem Mündigkeit entsteht und Freiheit ertragen, nicht egoistisch mißbraucht, sondern verantwortungsbewußt gelebt werden kann. Einzelne Begnadete haben dieses Ziel bereits in früheren Zeiten erreichen können; daß es viele schaffen können, ist unsere Aufgabe, muß das Ziel echter „Chancengleichheit" werden. Wir können das in einer Generation zwar nicht bewirken, aber wir können an diesem fernen Ziel mitarbeiten, wir können eine Menge dafür tun, nicht indem wir alle in das Prokrustesbett der Entfaltungsverstümmelung stecken, um einen beherrschbaren Heringsschwarm zu erzeugen, sondern indem wir die Voraussetzungen zur optimalen seelischen Entfaltung schaffen. Die Technik, die uns durch die Erweiterung der Informationsmöglichkeit so viele zusätzliche Lernmöglichkeiten schenkte, hat die Gefahr heraufbeschworen, daß in einem ungeahnten Ausmaß seelische Frühschäden am Menschen entstehen. Die Zunahme dieser Schäden kann uns zurück auf die Bäume, ja kann uns in die Selbstvernichtung treiben. Es kommt darauf an, ob wir es jetzt schaffen, die Weiche noch herumzuwerfen. Es ist höchste Zeit.

Man mißverstehe diesen Appell nicht: Das Programm einer Erziehung, die den Grundbedingungen der Art Mensch angemessen ist, wird uns nicht mit einem Schlage vollkommen machen, wird den Menschen nicht von seinen Urversuchungen, von seinen Konflikten und Lebensschwierigkeiten erlösen können. Es hat auch dieses als echte und schwere Schuld in der Geschichte immer schon gegeben und wird es weiter geben: daß der echt Entscheidungsfähige seine Freiheit und seine Macht bewußt mißbraucht, für sich ausnutzt zum Schaden und auf Kosten der anderen. Im Raum der Freiheit und im Raum des Bewußtseins von Verantwortung fängt der Bereich des wirklich Bösen überhaupt erst an. Und dieser Bereich, die Möglichkeit zum bewußt Bösen, gehört zu den existentiellen Möglichkeiten dessen, der zur Mündigkeit herangereift ist. Dennoch ist dieses Echt-Böse viel seltener als das triebhaft-unbewußte Entartetsein. Ich habe das als Gutachter in Strafprozessen nur allzuoft erfahren. Aber wenn mehr Menschen Entscheidungen aufgrund von Beobachtung und Einsicht treffen können, wenn gesunder Menschenverstand bei vielen einzelnen erstarkt, wird er und das Gute gewichtiger zur Wirklichkeit kommen können; denn der Mensch will nicht von sich aus das Böse. Er sehnt sich ganz elementar danach, das Gute zu tun, sinnvoll, statt sinnlos zu handeln. Wer nachdenklich beobachten kann, statt gierig zu handeln, wird leichter herausfinden, was in dieser oder jener Entscheidung gut oder böse ist. Wer sich selbst beobachtet, wird seine eigentlichen Begabungen in bezug auf die Berufsplanung besser aufspüren können, als wenn er von dumpfen Lüsten abhängig ist. Wer nachdenklich beobachten kann, wird das politische Tagesgeschehen besser überblicken, modische Trends leichter durchschauen, wird auf jeden Fall nicht wild mit den Wölfen heulen, sondern sich einen Standpunkt ertasten.

Eine solche Haltung des gesunden Menschenverstandes kann in bezug auf unsere Übertreibungen mit Emanzipation, Enttabuierung und Erlösung von Leistungszwängen den realitätsgerechten Abstand finden, ohne in konservative Starre zu verfallen. Wer nachdenklich beobachten kann, erfährt auch bewußter die Begrenztheit des Menschen und den Sinn seines Daseins. Wir können unter solchen Voraussetzungen realitätsgerechter die vitalen und kosmischen Verhaftungen des Menschen erkennen und das Ausmaß unserer Verantwortung erahnen, das dadurch entsteht, daß wir in all diesen Grenzen einen erheblichen Spielraum eigenständiger Aktionsfelder haben. Dieser Freiraum muß vom Menschen um so mehr mißbraucht werden, je weniger er ihm gewachsen ist, je mehr er ihn triebhaft fehlnutzt zur Ausweitung eines ungepflegten und ungesättigten Ich. Dieser Freiraum wartet auf den mündigen Menschen der Zukunft, der die Funktion des Freiraums versteht: nämlich dem Geist der Liebe und des überpersönlichen Dienstes am Leben zur Verwirklichung zu helfen.

Gefahren der Verfrühung in der sexuellen Aufklärung

Viel schwerer, als wir modernen Menschen meinen, ist es, uns von diktatorischen Lebensformen zu befreien, denn da in jedem von uns – in verborgener Listigkeit wie die alte Schlange im Paradies – heimlich ein Diktator, sprich ein Machttrieb hockt, bedeutet es Sisyphosarbeit, nicht unversehens und unbedacht in eine neue Besessenheit durch ihn zu geraten. So sind wir heute mit Vehemenz dabei, die Diktatur der Prüderie in den Orkus zu schicken, aber gerade die eifrigsten Emanzipierer sind auf diesem Gebiet längst in die Arbeitslager einer von ihnen selbst ungewollt errichteten neuen Gewaltherrschaft geraten: der Sexdiktatur. Nun, das brauchte nicht unbedingt zu einer Sorge zu werden – Orgasmuszwänge und sexuelle Pflichtübungen dieser Art werden emanzipatorische Impulse in die Gegenrichtung heraufbeschwören, werden also wie jede besonders gewalttätige Diktatur ihren Untergang selbst vorantreiben. Schon jetzt zeichnen sich im rasanten Ansteigen der „Sexwellenneurosen" (Thomas), in der Zunahme der potenzgeschädigten Männer, die den Ansprüchen ihrer bepillten Partnerinnen nicht mehr gerecht werden können, geschwürige Fehlentwicklungen ab, die geeignet sind, die Schlagkraft der so weit vorgepreschten Vorhut zu gefährden.

Zu verantwortungsbewußter Sorge sind wir erst dort aufgerufen, wo die neue Diktatur bedenkenlos die Kinder, die noch Unmündigen in unbekümmerter Rechthaberei zu manipulieren trachtet. Nicht nur in sogenannten Jugendzeitschriften geschieht hier höchst Fragwürdiges – auch im Grundschulunterricht der Kinder, in dem in vielen Ländern Sexualkunde obligatorisch im Lehrplan enthalten ist, spielt sich – ministeriell abgesichert – oft Bedenkliches ab. Denn zur Zeit wächst in unserer Pädagogik die Tendenz, die möglichst frühe Konfrontation der Kinder mit möglichst vielen sexuellen Inhalten für eine geradezu notwendig positive Maßnahme zu halten. So schreibt der Sexualpädagoge Verch, der in der letzten Zeit für die Sexualerziehung von Grundschulkindern weitgehend richtungweisend gewesen ist, in seiner „Sexualerziehung“, einer Lehrmappe zur Unterrichtung in der Familie:

„Da der Mensch im Gegensatz zum Tier nicht instinktsicher und triebgerichtet ist, ist von seiner Geburt an nicht festgelegt, wie er sich im sexuellen Bereich verhalten muß. Da sich sexuelle Gefühle – wie andere Gefühle – mit zunehmendem Lebensalter des Kindes entwickeln, müssen Eltern dafür sorgen, daß sich auch die Geschlechtlichkeit ihres Kindes entfaltet. Da sie es nicht von selbst tut, müssen sie durch Erziehung helfen.“

Abgesehen davon, daß diese Aussage objektiv falsch ist (die sich ohne alle Aufklärung bisher fröhlich fortpflanzende Menschheit ist ein nur allzu augenscheinlicher statistischer Gegenbeweis gegen diese These), steht hinter ihr die wissenschaftlich völlig unhaltbare Theorie, daß der Mensch allein durch Nachahmung und positive Dressur zu einem gesunden Sexualverhalten gebracht werden müsse. Diese Theorie, die zur Zeit sehr en vogue ist, öffnet der Konfrontation mit groben sexuellen Reizen, am besten so früh wie möglich, alle Tore.

An dieser Stelle ist es nun freilich nötig zu fragen: Ja, warum denn auch nicht? Warum sollen unsere Kinder nicht so offen wie möglich, nicht so deutlich wie möglich mit der Sexualität in allen ihren Spielarten konfrontiert werden? Warum soll man sie nicht so früh wie möglich an der ganzen Fülle des Lebens teilhaben lassen und dabei auch in die sonst im Dunklen liegenden Ecken leuchten; ist das nicht die einzige *ehrliche* Weise, um Kinder in das Leben einzuführen?

Fragen dieser Art lassen sich grundsätzlich nicht am Schreibtisch beantworten. Wichtiger ist es, vorurteilslos zu beobachten, wie Kinder diesen so frühen Aufklärungsunterricht erleben. Darüber habe ich in meiner Praxis bereits ein ganzes Repertoire an Kinderbemerkungen und -schilderungen gesammelt. Eine Mutter erzählte, ihre Tochter habe nach der Aufklärungsstunde berichtet: „Als die Lehrerin die Bilder gezeigt und eine Weile darüber gesprochen hatte, fing es auf einmal an, in der Klasse ganz furchtbar zu stinken. Da wurde mir ganz schlecht; fast hätte ich mich übergeben. Da bin ich lieber ’rausgegangen.“ Ein Lehrer führt seinen Schülern in der 4. Klasse einen Aufklärungsfilm vor. Ein bereits im Elternhaus aufgeklärtes, ohne

Prüderie erzogenes kleines Mädchen berichtet zu Hause: „Auf einmal mochten Angela und ich einfach nicht mehr hingucken. Da haben wir uns verabredet, dem Lehrer genau ins Gesicht zu schauen, um zu sehen, wann der sich schämt.“ Diese Geschichte zeigt, daß das Schamgefühl der beiden Mädchen unter dem massiven Bildeindruck unbeherrschbar wurde und in einer Projektion auf den Lehrer eine Teilentlastung suchte und fand.

Vor einigen Wochen wurde ein neunjähriges Mädchen zu mir geschickt, das an einem unstillbaren Erbrechen litt, das ihr bereits einen erheblichen Gewichtsverlust eingetragen hatte. Im Rorschachtest deutet sich in einer Fülle von Schockphänomenen bei der roten Farbe an, daß das Kind ein sexuelles Trauma erlitten hat. Die Angst ist so übermächtig, daß man an eine Vergewaltigung oder eine sexuelle Verführung denken muß. Nach einigen Wochen der Betreuung kann das Mädchen unter zitternder Erregung berichten, daß es einen farbigen Aufklärungsfilm über die Geburt gesehen habe, bei dem ihm schlecht geworden sei, so daß es eine Weile „weg gewesen“, also ohnmächtig gewesen sei.

Die Reihe solcher Berichte und Erfahrungen ließe sich beliebig verlängern. Hier läuft etwas schief, hier *muß* gewarnt werden, denn es besteht ja nicht nur die Gefahr, daß durch unsachgemäße Aufklärungsweisen der eine oder der andere sensible Schüler einen Schock erleidet, der sofort in Erscheinung tritt und damit behandelbar ist, sondern es ist in sehr viel gefährlicherer Weise möglich, daß zunächst gar nichts sichtbar wird, weil das ängstigende Erlebnis der Verdrängung anheimfällt, später aber, im Erwachsenenalter, als Sexualstörung zutage tritt oder gar Ursache dafür wird, in Perversionen ausweichen zu müssen.

Wie nie zuvor, seit ich in der kinderpsychotherapeutischen Arbeit stehe, bekomme ich in den letzten Jahren schwer sexualisierte Klein- und Grundschulkinder zu sehen, die aufgrund dieser Verfrühung mit einer massiven Verhaltensstörung reagieren. Freilich ist das selten einmal durch verfrühten und unsachgemäßen Aufklärungsunterricht im Grundschulalter allein zu schaffen. In den meisten Fällen sind solche Kinder vorgegebenermaßen „modern“, im Grunde aber brutal mit der Sexualität der Erwachsenen konfrontiert worden. Kürzlich wurde mir ein neunjähriges Mädchen vorgestellt, das bei nachweislich gut durchschnittlicher Intelligenz im ersten Schuljahr total versagte und vor der Umschulung in die Sonderschule stand. Ihre geistige Desorientierung und Blockierung erwies sich als eine Folge der Tatsache, daß sie seit ihrer frühen Kindheit Zuschauer des promiskuitiven Liebeslebens ihrer ledigen Mutter gewesen war. Im Alter von sieben Jahren machte die Mutter ihre kleine Tochter während der gesamten Zeit einer Schwangerschaft zur Diskussionspartnerin in der Frage, ob man das Kind abtreiben, zur Adoption freigeben oder behalten solle. Kurz vor der Geburt soll die Siebenjährige eines Abends zu ihrer Mutter gesagt haben: „Morgen gebe ich dir endgültig Bescheid", und dann ihren Wunsch nach Weggabe des Kindes durch Adoption bekundet haben. Die Verwirrung des Mädchens war, wie gesagt, fundamental.

Aber bei vielen kleinen Kindern heute reicht auch die radikale und kritiklose Nachahmungslust ihrer Mütter in Form totaler Nacktkultur, um ihnen bereits im Grundschulalter eine Angstneurose oder gar eine echte Kernneurose im Sinne einer Hysterie aufzuhängen. Da die kleinen Söhne um den Beginn der Grundschulzeit herum eine Phase sexueller Objektprägung zu durchlaufen haben, in der sie eine Weile an ihre Mutter erotisch fixiert sind, werden sie in einer unangemessenen, ja schädlichen Weise stimuliert, wenn die Mutter diese kindliche Erotik zusätzlich durch Nacktkultur, Nacktschmuserei und gemeinsame Badewannerei aufheizt; denn da in jedem Kind gleichzeitig mit dieser sexuellen Vorprägung auf die Mutter das Inzesttabu als Gegenregulativ gegen die allzu enge Bindung an die Mutter einsetzt, kommt es zu einer Übersteuerung dieser Gegenkräfte, zu einer Zerreißprobe des inneren, völlig unbewußten Konflikts, die mit Angst und schließlich mit psychischem Kurzschluß, d.h. mit Schock, Stupor und körperlicher Erkrankung beantwortet wird. Solche Übersteuerungen können verheerende Folgen haben, da sie als generalisierte Bindungsangst vor *allen* Frauen chronisch werden und sich im Erwachsenenalter als Impotenz, als Sexscheu, als Don-Juanismus oder gar zu einem Ausweichen in die Homosexualität ausweiten können. Meine Beobachtungen über das Anwachsen solcher Neurosen im Grundschulalter bei kleinen Jungen lassen die Prognose zu, daß spätestens im Jahre 1990 eine gewaltige Zunahme der männlichen Homosexualität erkennbar werden wird, der männlichen mehr als der weiblichen, weil die

Väter im allgemeinen nicht annäherungsweise einen solchen erotisierenden Eifer den kleinen Töchtern gegenüber an den Tag legen wie die Mütter bei den kleinen Söhnen. Es fehlt ihnen im allgemeinen dazu sowohl an der häufigen Gelegenheit wie an der Radikalität eines solchen avantgardistischen Eifers, über den so viele „progressive" junge Frauen heute leider verfügen.

Solche Erfahrungen am Einzelfall werden von manchen Vertretern der Frühsexualisierung aber immer wieder in Frage gestellt. Man argumentiert, daß in den Einzelfällen doch wohl nicht auszuschließen sei, daß hier und da bereits eine Disposition zur Neurose vorgelegen habe, daß man den Anlaß als Ursache deute. Dieses Argument ist so lange bedenkenswert, solange noch nicht einheitliche Frühsexualaufklärung betrieben wird. Aber es gibt ein Land, das diesen Trend seit langem als kollektiven Erziehungsstil verfolgt und das uns Auskunft geben kann über die Folgen dieses pädagogischen Großexperiments. Dr. Gösta Rhoda, der Abteilungsleiter für Sexualerziehung in der schwedischen Aufsichtsbehörde für das Schulwesen, setzt seit langem folgende Ansicht in den Schulen durch:

„Wir haben keine ethischen Normen für die Erziehung und keine Regeln für das sexuelle Verhalten. Die neue Schule hat keine Angst vor dreizehnjährigen Beischläfern. Wir halten auch nichts von der Ansicht, der Coitus sei der höchste Ausdruck der Liebe oder er stelle auch nur irgendeine Krönung dar. Seine Bedeutung muß herabgemindert werden. Wir wollen nicht, daß die Kinder ihr sexuelles Leben in einer Gefühlswolke beginnen. Das Gefühl muß aus dem Sex verbannt werden. Was wir wollen, ist, daß die Kinder die Sache besprechen und rational zueinander kommen."

Die Folgen dieser Erziehung beschreibt der Engländer Huntford in einer gründlichen Analyse Schwedens in seinem Buch „Wohlfahrtsdiktatur" folgendermaßen: „Die schwedische Sexualpolitik hat nicht so sehr Emanzipation eingebracht als vielmehr eine Konvention durch eine andere ersetzt. Wenn die alte Moral Unterdrückung beinhaltet hat, dann führt die neue Libertinage zur Zwangssexualität. Unter schwedischen Schulkindern scheint man sich schon regelrecht zum Beischlaf gezwungen zu fühlen, ob man nun will oder nicht. Und dennoch sind die Schweden nicht wirklich zufrieden.

Die Kopulationsfreiheit hat zu einer sexuellen Besessenheit

geführt, die das ganze schwedische Leben durchtränkt. Sie hat ein gewisses Maß von Geistesgestörtheit mit sich gebracht. Darüber jedoch schweigen die Behörden, und die Organisatoren der Sexualerziehung neigen dazu, die Sache zu verbergen. Dennoch scheint festzustehen, daß viele der zunehmenden Neurosen bei Schulkindern und Studenten dem Versagen in der sexuellen Hetzjagd zuzuschreiben sind. Nervenzusammenbrüche aus diesem Grund sind nicht ungewöhnlich.

Der physische Nachdruck darauf hüllt die Bevölkerung in eine ständige Wolke von depressio post coitum. Mit der Ausrottung von Ritual und Tabu ist auch die Erregung verschwunden, und damit ist die Funktion des Sex als Ersatz für politische Spannungen gemindert. Wider Willen verraten die Schweden von Zeit zu Zeit ein Verlangen nach irgend etwas, das über die Sex-Mechaniken hinausgeht. Rührselige Rufe nach Gefühl erscheinen in den Leserbriefspalten der Zeitungen und in Artikeln von Frauenzeitschriften.

Der Glaube an die Vervollkommnung des Menschen hat in Schweden harte Schläge einstecken müssen. Die Vollendung der totalen Wohlfahrt hat den bösen Schweden nicht bessern können; sie hat ihn nur dazu gebracht, neue Arten von Unart zu lernen – genau wie in anderen Überflußgesellschaften. Trotz der schwedischen Praxis, Fehlverhalten allein als Ergebnis der Umwelt zu entschuldigen, gibt es keine nennenswerte soziale Ungerechtigkeit. Es gibt keine Slums, und es bedarf schon einiger Genialität, um aus der komfortablen Existenz auszubrechen. Trotzdem haben die Gewaltverbrechen zugenommen, die Rate der Jugendkriminalität ist die höchste in Westeuropa, und die Eigentumsdelikte, vor allem Unterschlagung und Scheckbetrug, sind eine wahre Geißel geworden."

Neben dieser erschreckenden Bilanz haben neueste Statistiken aufgedeckt, daß bereits jeder zehnte Schwede alkoholkrank ist – eben gewiß nicht zuletzt, weil die Notwendigkeit, sich zu betäuben, grundsätzlich dort erheblich ansteigt, wo Sinnlosigkeit, Langeweile und Gleichgültigkeit den Menschen in ein nicht mehr überbietbares Unglücklichsein hineinstürzen.

Man mag einwenden, daß die sexuelle Libertinage allein dieses gewaltige kollektive Unglück nicht heraufbeschworen haben kann. Das ist richtig; aber dennoch ist sie ein höchst gewichtiger Pfeiler dieser Entwicklung. Meine Praxiserfahrung, das Wissen auf dem Gebiet der Entwicklungspsychologie, der

Psychoanalyse, der Biologie und der Psychopathologie über die Entwicklungsbedingungen der Art Mensch im allgemeinen und seiner Sexualität im besonderen können bestätigen, daß eine derart brutal und pornographisch gehandhabte Sexualerziehung die bösesten Folgen haben muß.

Die Sexualität des Menschen tritt im Kindesalter zunächst nicht ins Bewußtsein. Sie ist verdeckt, tritt nur symbolhaft in Erscheinung, macht verschiedene Phasen komplizierter Entfaltungen an verschiedenen Lokalisationen durch und reift – über eine Phase sehr betonter Schamhaftigkeit, die eine bewahrende Funktion hat – in der sogenannten Latenzphase der Sechs- bis Zehnjährigkeit auf die Bewußtwerdung in der Pubertät zu. Es bedeutet brutale und nicht zu verantwortende Verfrühung, wenn die Kinder in dieser Zeit mit pornographischem Bildmaterial oder rigorosen verbalen Methoden auf die Existenz der Erwachsenensexualität aufmerksam gemacht werden. Die sexuelle Erregung der Kinder in diesem Alter ist zwar bereits auslösbar, sie bedarf aber vor der Geschlechtsreife noch überoptimaler Reize; denn auch hier gilt die Regel der Verhaltensforscher: Der äußere Reiz muß um so stärker sein, je geringer die endogene Bereitschaft ist, wenn Wirkungen erzeugt werden sollen. Die sexuelle Stimulation der Kinder hat dadurch aber genau jene Wirkung, die in Schweden den zentralen Punkt des Desasters ausmacht: Es entsteht durch die Verfrühung und Übertreibung eine Abspaltung, eine Eliminierung, eine Verselbständigung der sexuellen Funktion. Sie bekommt die Gewichtigkeit eines Kitzels, der suchtartig und verabsolutiert nach immer mehr Stimulation drängt. Dieser Vorgang wird um so sicherer erreicht, je weniger sexuelle Empfindungen primär mit der gefühlsmäßigen Hinwendung zu einem Du, zu einem gegengeschlechtlichen Wesen verknüpft werden, je mehr das eine Sache an sich ist und bleibt. Viele Patienten, deren Sexualität tragischerweise zu früh geweckt wurde, berichten genau diesen Sachverhalt: Sie klagen darüber, daß die Sexualität für sie keine Kontaktmöglichkeit mit einem *Partner* darstellt, dem sie sich in Liebe verbunden fühlen, sondern sie erleben sie als einen Zwang, der seinen Tribut fordert, der mit Hilfe irgendeiner Methode – durch Masturbation oder durch etwas mehr oder weniger beliebig anderes, eben an einem „Gegenstand", gleich ob das ein Mensch oder eine Puppe ist, dranghaft absolviert wird.

Die kollektive Gefahr, die daraus resultiert, daß viele Kinder aufgrund einer solchen Fehlvorstellung ihrer Erzieher zu schweren existentiellen Fehlhaltungen gebracht werden, ist evident: Sie bedeutet nicht nur Gefühlsabstumpfung und -verarmung durch die Sinnentleerung der Sexualität und als Folge der Überstimulation, sie bedeutet dazu die massive Verstärkung einer allgemeinen Bindungslosigkeit in den Beziehungen unter den Erwachsenen. Denn die dem jungen Erwachsenen natürliche Verknüpfung von Liebe und Sexualität ist ursprünglich ein starkes Zugmittel für die Dauerhaftigkeit der Beziehung, die damit die Chance erhöht, daß die aus der Verbindung hervorgehenden Kinder in der Geborgenheit und dem Schutz eines Nestes aufwachsen können, ohne den die seelische Gesundheit des Heranwachsenden automatisch dezimiert wird.

Die sogenannten Progressiven, die unsere Kinder nach schwedischem Modell manipulieren wollen, sind im Grunde also keineswegs fortschrittlich, sondern in einer gefährlichen Weise Rückschrittler, denn sie bedrohen durch ihre Eingriffe den Fortbestand desjenigen Kollektivs, in dem sie hinreichende Breitenwirkung entfalten.

Können wir noch etwas tun, um die künftige Generation vor dem traurigen Schicksal so vieler junger Schweden zu bewahren? Als erste Maßnahme wäre es sehr wichtig, den Sexualkundeunterricht für *Grundschüler* wieder abzuschaffen; denn unübersehbar ist die Zahl der indoktrinierten Junglehrer, die, unzureichend ausgebildet – manche aufgrund eigener sexueller Schwierigkeiten –, in diesem ihrem Unterricht die Grenze zwischen Aufklärung und Pornographie überschreiten und durch drastisches Bild- und Wortmaterial im Sinne einer verfrühten Stimulation wirksam werden. Bis zum Alter von zehn Jahren genügt es, wenn Kinder ihre eigene Identität als Junge oder als Mädchen zu finden lernen und über die Schwangerschaft und Geburt Bescheid wissen. Das aber schaffen die Mütter im allgemeinen doch schon mühelos allein. Der erste behutsame Aufklärungsunterricht als Vorbereitung auf die Geschlechtsreife, als Aufklärung über die Zeugung sollte eine Sache der Vorpubertät und nicht des Grundschulalters sein.

Darüber hinaus läßt sich gewiß auch Erhebliches vom Elternhaus aus tun, um eine Verfrühung zu verhindern: Man kann sich über das Interesse der Kinder an Pornographie nicht wundern, wenn sie im Elternhaus in unschöner Offenheit dargeboten wird. Warum lassen wir durch den Kauf von Illustrierten, fragwürdigen Jugendzeitschriften, wie „Bravo", zu, daß unsere Kinder sich den Geschmack verderben? Warum sagen wir nicht nein zu solchen billigen, auch uns Erwachsene keineswegs dauerhaft zufrieden machenden Produkten? Das Argument, daß unsere Kinder die Zeitungen dann doch im Wartezimmer des Arztes oder bei Kameraden sehen, ist keineswegs stichhaltig! Überstimulation ist durchaus eine Sache der Quantifizierung! Nicht durch mal ein wenig am Rande Zuschauen wird der Geschmack verdorben – man muß schon lange und oft und gewohnheitsmäßig mit dem Geschmacklosen konfrontiert werden.

Aber uns Erziehern muß auch klar sein: Nicht durch Ausschalten und Fernhalten allein kann ein junger Mensch seine Maßstäbe, seine Orientierungen und seinen Geschmack entwickeln: Wir müssen gewiß statt des Schlechten das Bessere bieten, wir müssen unseren Kindern eine Umwelt schaffen, die es ihnen möglich macht, zu echten Menschen heranzuwachsen. Dazu gehört eine altersentsprechende Geschmacks- und Gefühlsbildung. Sie läßt sich zunächst einmal nur dadurch erreichen, daß wir für die seelische Betreuung unserer Kinder viel, viel Zeit investieren, sie läßt sich erreichen durch Anregen der kindlichen Phantasie (durch Ermunterung zum Malen, Basteln, Darstellen), sie wird gefördert durch das gute Kinderbuch und sein so ausgezeichnetes Bildmaterial. Unsere Kinderbuchkultur ist ja eine höchst positive Zeiterscheinung, und wir haben hier über unser vorzügliches Büchereiwesen alle Möglichkeiten, unsere Kinder altersentsprechend anzuregen und ihnen Geschmacksbildung zu vermitteln; denn nur ein solches Gegengift, das die ganze Breite und Fülle der seelisch-geistigen Möglichkeiten des Kindes entfaltet, kann verhindern, daß unsere Kinder stumpfe, unglückliche Erwachsene werden, die nur mit müdem Überdruß danach trachten, dem Orgasmuszwang gerecht zu werden – oder in andere verstörende Sexwellenneurosen fallen.

Täuschen wir uns nicht: mit ein wenig „Verhindern" können wir das Blatt nicht mehr wenden; was wir brauchen, ist eine gezielte Gegenemanzipation aller verantwortungsbewußten Kräfte, die entschlossen bereit sind, durch den Einsatz ihrer Person – jeder an seinem Platz – daran mitzuwirken, daß unseren Kindern die Gelegenheit geboten wird, liebesfähige Erwachsene zu werden.

Verstärkt Brutalität im Fernsehen die Kriminalität der Gewalttätigkeit?

Fünf junge Männer im Alter zwischen achtzehn und einundzwanzig Jahren stehen vor Gericht. Sie haben, nachdem sie erhebliche Mengen von Bier getrunken hatten, in einem Lokal ein noch sehr junges Paar – Schüler im Alter von vierzehn und fünfzehn Jahren –, das ihnen vollkommen unbekannt war, angerempelt, worauf die beiden Jugendlichen zunächst nicht reagierten. Als einer aus der Gruppe aber drohte: „Wir sehen so gern Blut" und dabei mit einem Messer spielte, hatten die beiden rasch das Lokal verlassen. Die angetrunkenen jungen Männer folgten ihnen unmittelbar. „Die machen wir fertig", hatte einer von ihnen gesagt. Sie holten das Paar ein. Während einer der Verfolger den Jungen festhielt, versetzte ihm ein anderer mehrere Fausthiebe ins Gesicht und an den Hals, so daß der Schüler ohnmächtig zusammenbrach. Nur der raschen Reaktion seiner Freundin, die in das nächste Haus stürzte, sämtliche Klingelknöpfe drückte und laut um Hilfe schrie, dem Herbeieilen von Passanten, dem Öffnen von Türen und Fenstern verdankt dieser Junge es vermutlich, daß sein Leben nicht ebenso sinnlos-grausam endete wie das des Schülers Heymann in Neuenwied; denn nun machten die mordlustigen Gesellen, daß sie davonkamen. Durch die Aussage der Wirtin wurden sie dennoch rasch überführt.

Ich habe als Gutachterin die Motive zu ergründen. Warum er so gern Blut sähe, frage ich den jungen Mann, der diesen Ausspruch getan hatte. „Na ja", meint er pfiffig, „im Fernsehen wird ja in letzter Zeit viel dergleichen gezeigt; besonders wenn da wer erstochen wird, wie Cäsar in dem Film ‚Kleopatra' oder in den Krimis, dann fühle ich so richtig eine Spannung, dann kribbelt es mir nur so in den Fingern – aber natürlich würde ich so 'was sowieso nicht machen; die Schlägerei mit dem Jungen – das ist ja bloß vom Alkohol gekommen."

Der Junge möchte die Schuld auf das Fernsehen und den Alkohol abwälzen. Aber er irrt sich dabei. Der Alkohol ist nur *ein* Faktor, der seine gestaute, erheblich gesteigerte Aggressivität enthemmt. Auch die Fernsehstücke mit brutalen Inhalten tragen gewiß chronisch zur Enthemmung, zur Erniedrigung der Reizsschwelle für aggressive Handlungen bei. Aber sie sind nicht, so kann die testpsychologische Untersuchung und die Erhebung der Vorgeschichte erhellen, die Ursachen für den gefährlichen Zustand des Jugendlichen und seiner Komplizen. Die liegen tiefer und haben bereits in den ersten Kinderjahren ihren Anfang genommen. Dieser Fall kann uns helfen, grundsätzlich die Frage nach der Auswirkung von brutalen Szenen im Fernsehen auf Kinder und Jugendliche zu beantworten.

Seit im Fernsehen zunehmend offener aggressive Szenen gezeigt werden, bekommen wir auch in der von uns in der Praxis gehandhabten freien Spielwahl der Kinder immer mehr nachahmende Spiele von solchen Szenen zu sehen. Das wäre an sich noch nichts Bedenkliches; denn auch ohne Fernsehen und auch bei streng pazifistischen Erziehungsformen entdecken die Jungen im Grundschulalter spontan das Kriegspielen und das Gegeneinanderkämpfen. Täglich neu wird dadurch bestätigt: daß es eine vorgegebene Bereitschaft zu aggressiven Auseinandersetzungen gibt, die auf der lebenserhaltenden Notwendigkeit, sich zu verteidigen, beruht. Dieser Aggressionstrieb braucht – das läßt sich an der Beobachtung von Kindern beweisen – eine spielerische Entlastung, wenn er sich nicht zu gefährlicher Mächtigkeit stauen soll. Aggressive Szenen in angemessen verdeckter Form im Fernsehen können bei gesunden Menschen durchaus eine Art Teilentlastung, eine Aggressionshygiene durch Identifikation hervorrufen. Brutale und gewalttätige Szenen wirken auf den Gesunden außerdem abstoßend und wekken das Bedürfnis nach Vermeidung solcher Erlebnisse, da im Menschen normalerweise wie bei den Tieren eine Tötungshemmung vorhanden ist, die Mordszenen abschreckend auf ihn wirken läßt. Bedenklich wird die Frage nach der Wirkung von brutalen Szenen erst durch die heute immer häufiger vorhandene Gegebenheit, daß viele Menschen durch unangemessene Erziehungsweisen unerkannt eine aufgestaute, überschießende Aggressionsbereitschaft mit sich herumtragen. Für sie ist das Anschauen brutaler Szenen wie ein „rotes Tuch", d.h. also wie ein ungeheuerlicher, überoptimaler Anreiz, der das Bedürfnis nach eigener Abreaktion weckt und zu gemeinschaftsfeindlichen Taten führen kann.

Eine Stauung des Aggressionstriebes entsteht z.B. durch Prügelerziehung, aber auch durch Vernachlässigung und Verwöhnung, eben immer dann, wenn lebensnotwendige, biologische Antriebe nicht angemessen befriedigt wurden.

Eine solche Fehlentwicklung des normalen Aggressionstriebes konnte bei allen anfangs beschriebenen Jugendlichen festgestellt werden. Zwei der Jungen waren durch ihre Kindheit hindurch von ihren Eltern fast täglich wegen irgendwelcher kleiner Vergehen geschlagen worden, zwei hatten Mütter, die unmittelbar nach der Geburt wieder zu arbeiten begonnen hatten, und waren deshalb von einer verwöhnenden Großmutter betreut worden, der fünfte hatte seine ersten vier Lebensjahre in einem Heim zugebracht. Alle diese Jugendlichen hatten bereits vom sechsten Lebensjahr ab immer wieder gestohlen und waren in der Schule Einzelgänger gewesen, weil sie schon als Grundschulkinder aggressiver waren als ihre Kameraden. Alle hatten in der Schule versagt. Jeder von ihnen verdiente durch Arbeit im Gleisbau etwa 1000.– DM monatlich. Alle fünf hatten seit ihrer frühen Kindheit eine Fülle von sogenannten neurotischen Symptomen, Kennzeichen, die uns wissen lassen, daß diese Menschen unter einer starken seelischen Spannung stehen: Sie kauten alle an den Fingernägeln, drei von ihnen waren bis zu ihrem zwölften Lebensjahr Bettnässer gewesen, alle schaukelten seit ihrer Säuglingszeit beim Einschlafen, sie litten an einer sogenannten Jactatio.

Nein, wir können dem Fernsehen nicht die *alleinige* Schuld für die Zunahme der Gewaltverbrechen anlasten; aber da, wie gesagt, von Jahrgang zu Jahrgang die Kinder in ihren Lebensanfängen zunehmend nicht mehr angemessen in ihren seelischen und körperlichen Bedürfnissen befriedigt werden, da auch Verwöhnung und eine laufenlassende Erziehung die Aggressionen der Kinder verstärken, ohne daß sie selbst ahnen, worauf sie eigentlich wütend sind, wirkt das Fernsehen wie der große Vormacher, der die Muster liefert, die diese kranken, meist sehr phantasiearmen Jugendlichen sonst gar nicht entwickeln würden. Das Fernsehen und der Alkoholmißbrauch, der als Folge der guten Verdienstmöglichkeiten gesteigert wird, bilden die Auslöser, sind nicht die Ursache dieser so bedenklichen Entwicklung. Dabei sind wir erst am Anfang. Die Unsicherheit auf unseren Straßen wird von Jahr zu Jahr zunehmen. Das konnte ich aufgrund meiner verhaltensbiologischen Forschungsarbeit bereits vor zehn Jahren als Folge unserer verwöhnenden, vertechnisierten und damit die Kinder in den ersten Lebensjahren schädigenden Wohlstandsschlaraffenlandsituation voraussagen, und ich habe das, ungehört von Ärzten und Politikern, die das vor allem angeht, unermüdlich getan.

Ich möchte diese Warnung, 1967 bereits publiziert, noch einmal wiederholen: „In den kommenden Jahren ist mit einer Zunahme und Eskalation verwahrloster Gruppen zu rechnen. Der Weg von Gammler- und Rockergruppen zu beziehungslosen Morden ist von der Situation des gestauten Antriebsgeschehens in vielen jungen Menschen heute keineswegs mehr unvorstellbar lang. Die Aktivierungsbereitschaft liegt vielmehr geradezu auf der Hand und bedarf nur des einen Einzelnen, des besonders Schwerkranken, um unmotiviert zur brutalen Gewalttat zu werden." Nach einer Untersuchung von H.E. Wolf und H. J. Wolter wurden in Hamburg 1969 nach 581 Rockerstraftaten 1087 Täter ermittelt. 1973 waren es 1700 Delikte und knapp 2000 Delinquenten; eine Zunahme der Delikte um fast 300% innerhalb von vier Jahren!

Es wäre sicher gut und richtig, die Pornographie der Gewalt aus den Fernsehsendungen zu streichen; sie verstärkt in der Tat die vorhandene Bereitschaft – ein Allheilmittel gegen die wachsende Not wäre es nicht. Dazu bedürfte es kollektiver Programme, um den Kindern in ihren ersten Lebensjahren den ihnen zustehenden Wurzelboden für seelische Stabilität zu geben, statt Mütter und Kinder mit blindem Hochmut den Bedürfnissen unserer Industriegesellschaft anzupassen. Wieviel Schreckliches muß noch geschehen, um endlich damit zu beginnen?

Scheidungswaisen

Haben es Scheidungswaisen schwerer, ohne seelische Verletzungen in diese Welt hineinzuwachsen als Kinder aus vollständigen Familien? Die Statistiken können das mit Ja beantworten; in einer bayerischen Strafanstalt für Jugendliche, die mehrmals rückfällig wurden, zeigte sich: bei 32% der Insassen fehlte in ihrer Kindheit der Vater, bei 45% die Mutter, 44% wuchsen ohne Eltern in Heimen auf, bei 30% leben die Eltern getrennt. Das ist eine Bilanz, die allen Propagandisten, die leichtfertig eine Scheidungserleichterung empfehlen, zu denken geben sollte, die mancher Mensch, den das Ehejoch drückt und der auf Ausbruch sinnt, mit in die Waagschale seiner Entscheidung werfen sollte. In der Diskussion um diese Frage wird häufig argumentiert: „Ja, aber in vielen Fällen ist es doch auch für die Kinder besser, aus der unhaltbaren Situation einer hoffnungslos zerrütteten Ehe herauszukommen, so daß nach der Scheidung endlich Friede und damit die Voraussetzung zu neuen Entwicklungsfortschritten für sie geschaffen werden könnten." In der Tat ist das in manchen Fällen, zum Beispiel bei hoffnungsloser Trunksucht, bei Geisteskrankheiten oder Gewalttätigkeiten eines Elternteiles sicher so. Eine Sanierung ist dann wirklich nur durch Trennung des Elternpaares zu erreichen. Aber in vielen anderen Fällen wird eine im Grunde vorhandene Harmonie lediglich abrupt verstört: etwa durch den aufgedeckten Seitensprung des Familienvaters mit seiner Sekretärin oder einer Arbeitskollegin oder durch den Wunsch nach Scheidung durch eine plötzliche Leidenschaft eines Ehepartners, die für den Verliebten unumgänglich nach ewiger Erfüllung zu drängen scheint. In vielen solchen Fällen kommt es nach der Scheidung selten zu einer echten Beruhigung der Kinder, weil die Veränderung ihrer Lebensverhältnisse ungewöhnliche, spannungsgeladene Probleme mit sich bringt. Probleme dieser Art möchte ich aufgrund meiner psychagogischen Praxiserfahrung mit Scheidungswaisen und aufgrund meiner Gutachtertätigkeit und Zusammenarbeit mit dem Vormundschaftsgericht der Reihe nach untersuchen, um dann aufgrund der immer wieder auftauchenden Problemstellung zu einigen Vorschlägen für elterliches Verhalten in solchen Situationen zu kommen.

Die Gefahr einer seelischen Schädigung des Kindes durch die Trennung der Eltern ist anscheinend nicht in jedem Lebensalter gleich groß. Meiner Erfahrung nach nimmt sie mit dem Älterwerden des Kindes allmählich ab. Kinder jenseits des zehnten Lebensjahres können hart und schon sehr bewußt unter der Trennung leiden, machen oft eine jäh einsetzende und verlängerte Pubertätskrise durch; aber sie werden selten in einer so fundamentalen Weise orientierungslos, wie das bei jüngeren Kindern der Fall sein kann. Ich habe häufig in Prozessen gegen jugendliche Diebe in der Vorgeschichte den Tatbestand eruieren können, daß die Ehe der Eltern bereits in der Säuglingszeit des Kindes wieder zerbrach, daß die Mütter genötigt waren, die Babys „irgendwo" unterzubringen, während sie selbst für den Lebensunterhalt für sich und ihre Kinder allein zu sorgen begannen. Die seelische Not der Mutter, das Alleingelassenwerden des Kindes im Grunde von *beiden* Eltern in einem Zustand noch totaler Hilflosigkeit muß Anlaß zu bedenklichen Prognosen für die seelische Entwicklung dieser Kinder sein; denn sie fühlen sich oft zeitlebens als Zu-kurz-Gekommene und pflegen später durchtränkt zu sein von unbestimmtem Haß, und wenn ihre Racheimpulse *nur* als Diebstahlsdelikte in Erscheinung treten, so können die Eltern von Glück sagen. Im Anschluß an eine tiefenpsychologische Analyse der mordenden Mitglieder der „Manson-Familie" in Kalifornien kommen die amerikanischen Kinderpsychiaterinnen Stevens und Freeman sogar zu dem grausigen Schluß: „Wer sein Kind verläßt, bereitet Mord vor." Wenn in den meisten Fällen die Entwicklung auch nicht *so* extrem negativ verläuft, so ist das Ausmaß späterer Lebensschwierigkeiten dennoch manchmal groß. So wurde kürzlich von der Polizei ein vierzehnjähriger Junge aufgegriffen, der allnächtlich die Einwohner unserer kleinen Stadt verschreckt hatte; denn es passierte Nacht für Nacht ein neuer Einbruch durch Kellerfenster oder Kellertüren. Es wurde nach dem Autoschlüssel gesucht, große

Mengen Eingemachtes im Auto der Bewohner verstaut, abtransportiert und das Auto in irgendeiner dunklen Seitenstraße abgestellt. Nach seiner Entdeckung ergab es sich, daß der Junge ein ganzes Lager von Weckgläsern und Dosen besaß, deren Inhalt er in großen Mengen heimlich gierig verschlang. „Hast du denn Hunger?" fragte der Jugendrichter. Nein, davon konnte nicht die Rede sein; der Junge lebte in geordneten, ja liebevollen Verhältnissen bei Stiefmutter und Vater, denn die Ehe seiner leiblichen Eltern war bereits zerbrochen, als er ein halbes Jahr alt war. Die Mutter kümmerte sich nicht mehr um den Jungen, der Vater, ein Sparkassenangestellter, fühlte sich nicht in der Lage, das Kind zu versorgen; so kam es bis zu seiner Wiederheirat in ein Heim. Der Junge war drei Jahre alt, als die Stiefmutter ihn übernahm, und bereits wenige Wochen nach seiner Rückkehr von dort hatte er begonnen, Gegenstände zu verstecken, später Groschen aus Mutters Portemonnaie zu stehlen, um sich Süßigkeien zu kaufen. Eindeutig zeigen solche Vorgeschichten, daß der seelische Hungerzustand, der dadurch entsteht, daß ein Kind in den ersten Lebensjahren seine Mutter verliert, ein schwer stopfbares Loch an seelischer Zuwendung bedeutet. – Wie schwachsinnig wirkte z.B. ein neunjähriges Mädchen trotz normaler Intelligenz auf die Lehrer in der Schule. Es war so orientierungslos, daß es nicht zu den einfachsten Konzentrationsleistungen in der Lage war. Die Vorgeschichte des Mädchens war abenteuerlich: Es war ein Jahr alt, als der Vater, ein Italiener, die Mutter nach einem heftigen Streit verließ, ohne sich je wieder zu melden. Die Mutter wurde durch den Verlust gänzlich aus der Bahn geworfen. Sie begann ein wildes Wanderleben durch Italien auf der Suche nach ihrem Ehemann, ging dabei immer neue Verbindungen ein, die immer wieder, etwa in Abständen von zwei Jahren, gelöst wurden. Als das Kind zu seiner Großmutter nach Deutschland zurückkehrte, zeigte sich, daß es inzwischen vier verschiedene italienische Stiefväter gehabt hatte, die es alle als „Papa" bezeichnete. Als die Mutter nach einem erneuten Streifzug durch Italien dem Kind abermals einen neuen „Vater" vorstellte, hatte es sich schreiend in den Rock der Großmutter verkrallt: „Ich will aber keinen neuen Papa, ich will *einen* Papa, nicht immer neue – dann nehm' ich schon lieber den Großvater." Dieser Ausspruch zeigt deutlich, daß der Kern der Problematik von Scheidungswaisen im Kleinkindalter eben darin besteht, daß der Mensch in dieser Lebenszeit *einen* Vater und *eine* Mutter braucht, denen es sich als zugehörig empfinden möchte, die es als Leitbilder braucht. Ich habe in meiner Praxis die Erfahrung gemacht, daß es bei Mädchen häufig zu heftigen, tiefgreifenden Pubertätsschwierigkeiten kommt, wenn der Vater sie und die Mutter zwischen dem fünften und siebenten Lebensjahr verließ.

Ein Arztehepaar trennte sich, als seine Tochter fünf Jahre alt war. Das Kind, das eine intensive zärtliche Beziehung zum Vater hatte, blieb bei der Mutter. Von seinem zehnten Lebensjahr ab lebte es in Internaten, da die Mutter durch eine große Praxis sich kaum um ihre Tochter kümmern konnte. Die Internate wurden mehrere Male und in immer kürzer werdenden Abständen gewechselt, weil das Mädchen so untragbar wurde, daß den Eltern nahegelegt wurde, es wieder heimzuholen. Als das Mädchen sechzehn Jahre alt war, wurde es vom Vater übernommen. Er hatte wieder geheiratet und erneut eine Familie gegründet. Der Aufenthalt beim Vater und der weichen, sich kameradschaftlich um die große Stieftochter bemühenden Pflegemutter wurde zu einer schließlich nicht mehr ertragbaren Zerreißprobe. Die Tochter setzte alles daran, dem Vater, wo sie ging und stand, ihre Verachtung, ihren Haß, ihre „gekränkte Liebe" als ohnmächtigen Zorn zu zeigen und in sadistischen Bemerkungen, in permanent obstinatem Verhalten zu verdeutlichen. Sie erwiderte jede Freundlichkeit ihrer Stiefmutter mit einer barbarischen, krimhildhaften Rivalität, die die Eltern bald einsehen ließ, daß dieses nicht der richtige Weg sei. Das Mädchen wurde in eine stationäre Behandlung genommen, wo sie nach jahrelanger Psychotherapie schließlich mit einer besseren Bewältigungsmöglichkeit ihrer frühkindlichen Enttäuschung entlassen werden konnte. Nicht immer aber sind die Verläufe so glücklich wie hier. Manchmal gehen gerade solche Jugendlichen auf Nimmerwiedersehen in den „Untergrund", in eine Gammler-, Rauschgift- oder Revoluzzergruppe, wo sie oft gänzlich verkommen, zugrunde gehen oder straffällig werden.

Die bedrückendsten Schwierigkeiten aber ergeben sich dann, wenn die Eltern sich nach der Scheidung um das Sorgerecht der Kinder zu streiten beginnen, so daß sie in die Zerreißsituation eines Kreidekreises geraten. Den würdelosesten Kampf dieser Art habe ich um einen achtjährigen Jungen erlebt, der durch das Testament verstorbener Verwandter Besitzer eines stattlichen Miethauses wurde. Der Elternteil, der das Sorgerecht hatte, hatte gleichzeitig Anspruch auf die Mieteinnahmen. Der Kampf um dieses Kind wurde durch mehrere Instanzen mit großem juristischem Aufwand jahrelang von den Eltern durchgefochten. Gift und Geifer, ausgegossen von der Mutter über den Vater, vom Vater über die Mutter, war die tägliche Seelenspeise dieses Jungen, der bereits im Alter von vierzehn Jahren einen Selbstmordversuch unternahm. Was Wunder – drehte es sich doch kaum einmal um das Interesse des *Kindes.* Es war das Opfer der Habgier seiner Rabeneltern – nur dadurch, daß ihm liebevolle Verwandte das Danaergeschenk gemacht hatten, ein Hausbesitzer zu sein!

Aber auch wenn es sich nicht um *materielle* Vorteile handelt, ist das Schicksal der Kinder nach der Scheidung ihrer Eltern oft geradezu grauenerregend, und das besonders in den Fällen, in denen ein Elternteil über den Weg der vormundschaftsrichterlich festgelegten Verkehrsregelung danach trachtet, sich für sein Verlassensein zu rächen und den geschiedenen Partner zu schikanieren. Besonders häufig ist das der Fall, wenn der Vater fortgegangen ist oder die Mutter aufgrund der Unverträglichkeit ihres Partners die Scheidung durchgesetzt hat. In diesen Fällen werden die Kinder meistens mit Recht der Mutter zugesprochen. So geschah es zum Beispiel einmal, daß der Vater – wie es vereinbart war – allwöchentlich seinen vierjährigen Sohn von der Mutter abholte und mit ihm stundenlang mit dem Auto durch die Gegend raste. Dieses Kind hatte nicht nur keine Beziehung zu seinem Vater – es fürchtete ihn wie einen „schwarzen Mann". Die Übergabe des Kindes an seinen Vater glich Sonntag für Sonntag einer gewaltsamen Entführung. Der Junge klammerte sich an die Mutter, schrie und jammerte laut, der Vater riß ihn an sich und transportierte ihn, während die Mutter in ohnmächtigem Entsetzen zurückblieb, in den Wagen. Schon wenige Wochen nachdem diese Eskapaden begonnen hatten, entwickelte der Junge eine schwere Schlafstörung, schrie nachts mehrere Male auf und verlor alle Spiel- und Handlungsfreude. Die Gutachten, die dieser Mutter aufgrund von Testverfahren bescheinigten, daß der Junge Angst vor seinem Vater habe, mußten durch mehrere Instanzen immer neu, von immer anderen Untersuchern wiederholt werden, ohne daß es über Jahre zu einer Änderung dieses sadistischen Verhaltens gekommen wäre. Schließlich setzte ich mit Hilfe des Vormundschaftsgerichts als einsweilige Verfügung ein Aussetzen dieser vom Vater so mißbrauchten Besuchsregelung durch. Eine Beruhigung von Mutter und Kind ist, da das Verfahren bis heute noch schwebt, immer noch nicht eingetreten.

Aber selbst wenn es sich nicht, wie hier, um eine Schikane, um einen Mißbrauch des Rechtes eines Kindes handelt, kann es gerade mit Hilfe der Verkehrsregelung zu konstanter Beunruhigung und Verunsicherung von Scheidungswaisen kommen. Das ist besonders dann der Fall, wenn der Elternteil, dem das Kind nicht zugesprochen ist, wegen seiner Trennung heftige Schuldgefühle empfindet und es dem Kind am Besuchstag ganz besonders schön machen will, damit es erlebt, was es dennoch für einen lieben Vater, was es dennoch für eine liebe Mutter hat. Solche Kinder werden mit Geschenken, mit Neueinkleidungen und herrlichen Erlebnissen, mit Zoo- und Theaterbesuchen überschüttet und kehren, die Trennung bedauernd, vom wunderbaren Papi (von der wunderbaren Mami) schwärmend, leicht maulend in den „langweiligen“ Alltag bei dem viel strengeren anderen Elternteil zurück. Dieser muß ein Engel sein, wenn er diesen ungleichen Konkurrenzkampf über Jahre ohne immer neue Verbitterung geduldig auf sich nehmen soll, denn unbewußt steht hinter einem solchen Verhalten ein Buhlen um die Gunst des Kindes, die ihm keineswegs förderlich ist, sondern nach eigener Schuldentlastung und nach Ausstechen des Kindesbetreuers heischt.

Die vom Gericht als „gerecht“ verordnete Verkehrsregelung ist daher bei näherem Hinsehen in solchen Fällen keineswegs gerecht. Und es scheint mir durchaus verständlich, wenn der Elternteil, dem das Kind zugesprochen wurde, den Antrag stellt, die Besuchsregelung zeitweilig einzustellen.

Manche Leser werden angesichts dieser bedrückenden Problematik fragen: „Kann man denn nicht irgend etwas tun, um bei einer unumgänglichen Scheidung der Eltern solche Zerreißproben und negativen Verläufe zu vermeiden oder wenigstens zu mildern?“

Grundsätzlich läßt sich sagen, daß die geschiedenen Eltern ihre eigentlichen Motive bei der Regelung des Besuchsrechts hinterfragen sollten. Es ist ja so verständlich, daß die Geschiedenen Haß- und Rachegefühle gegeneinander empfinden – denn in den seltensten Fällen kommt es zu einer Trennung, ohne daß sich die Eltern voher tiefe seelische Wunden zugefügt haben, ohne daß sie sich in blinder Wut gegenseitig so tief verletzten, wie es nur jemand kann, der den anderen sehr gut und in all seinen Schwächen kennt. So verständich also Enttäuschung, Verbitterung und Bereinigungswünsche durch Rache sind, so klar sollten diese Impulse halt davor machen, die ohnehin schon in großes Leid gestürzten Kinder als Mittel zum Zweck zu benutzen. Noch so große Kinderfreude über die elektrische Eisenbahn, vom spendierfreudigen Vati geschenkt, wird unter *diesem* Aspekt: die Exehefrau auszustechen, entwertet, denn sie erschwert das Alltagsleben des Kindes durch das Schüren des Hasses und erleichtert es nicht.

In den Fällen, in denen die Kinder jünger als zehn Jahre alt sind und emotionale Kränkungen noch unüberwunden sind, ist es meiner Erfahrung nach ratsam, die Besuchsregelung zunächst für zwei Jahre auszusetzen. So lange dauert es im allgemeinen, bis seelische Wunden bei erwachsenen Menschen wieder heilen. Nach zwei Jahren haben die Eltern meist beide in irgendeiner Weise wieder Fuß gefaßt, sind in einen neuen Ehehafen oder in ein selbständiges Berufsleben eingesegelt. Die Stürme haben sich gelegt, und das Kind kann besser in seinen eigenständigen Rechten gesehen werden. Mutter und Vater können mit dem zeitlichen Abstand leichter verzeihen und neu eine tolerante Einstellung gegen den Expartner entwickeln. Erst dann sollte das Pendeln des Kindes wieder aufgenommen werden; denn erst dann können die betreuenden Eltern die Frage des Kindes, warum Vater oder Mutter fortgegangen seien, gelassener beantworten.

Da es für die weitere seelische Entwicklung der Kinder und für eine positive Einstellung zu den späteren Partnerschaftswünschen außerordentlich wichtig ist, eine gute Vorstellung von den eigenen Eltern zu haben, ist es von entscheidender Bedeutung, daß die Kinder ihre Zukunft nicht durch die von Haß verdunkelte Brille der getrennten Eltern sehen.

Wenn unsere sich durch rasche Scheidungsbereitschaft emanzipiert gebärdende Welt nicht ein Trümmerfeld von seelisch verletzten Scheidungswaisen hinter sich lassen will, muß sie zu reiferen, uneigennützigen, zu verantwortungsbewußteren Formen in bezug auf das Leben solcher Kinder kommen.

Baumzeichnung und Charakterstruktur

Unter den Persönlichkeitstests gibt es einen, den von Karl Koch konzipierten Baumtest, der als ein leicht zu handhabender, wenig Zeit erfordernder Zusatztest für den Psychodiagnostiker oft eine verblüffende Bestätigung der übrigen Persönlichkeitserhellung bietet. Wie alle projektiven Testverfahren liegt ihm die berechtigte Vorstellung zugrunde, daß ein Mensch grundsätzlich Aussagen macht über seine subjektive Befindlichkeit, ja über seinen geistig-seelischen Entwicklungsstatus, wenn man ihm die Möglichkeit zur freien Gestaltung gibt. Der Mensch macht Aussagen über sich selbst – in der Schrift, im Gang, beim Malen, freien Fabulieren und Darstellen. In meiner langjährigen Arbeit als Gutachter an einem Jugendgericht hat sich mir zum Beispiel gezeigt, daß ein großer Teil der straffällig gewordenen Jugendlichen dadurch gekennzeichnet ist, daß sie Bäume malen, die ebenso dürftig wie flüchtig, ebenso rasch-fertig wie ungeordnet sind, während eine zweite Gruppe sich mehr Mühe gibt, aber durch ebenso merkwürdige wie gleichartige Besonderheiten in der Darstellung gekennzeichnet ist. Dieser Sachverhalt soll an einigen Beispielen verdeutlicht werden.

Marlies S.* ist wegen mehrerer Warenhausdiebstähle wiederholt straffällig geworden. Sie malt einen Baum, der aus einem kurzen Stamm und fünf flüchtig hingeworfenen Strichästen besteht (Abb. 1). Ebenso flüchtig, oft ohne feste Verbindung zum Ast, sind einige wenige Zweige eingefügt. Einige Blätter und neun teilweise geschwärzte, überdimensionale Früchte sind regellos hinzugesetzt. Die äußeren Zweige der rechten Seite der Baumzeichnung sind kahl gelassen worden. Die Zeichnerin verwendete bei guter Willfährigkeit zur Untersuchung auf die Zeichnung einige wenige Minuten, sie

* Der Name der Delinquentin ist geändert.

Abbildung 1

führte die Ausschmückung mit Äpfeln und Zweigen nicht zu Ende. Die Andeutung genügte ihr. Die Möglichkeit zu einer sorgfältigen Durchführung und Beendigung war ihr nicht gegeben. Mit einem Seufzer wie nach harter Anstrengung legte sie den Bleistift ab.

30 % der 65 jugendlichen Straffälligen, die ich innerhalb der psychologischen Untersuchung einen Baum malen ließ, entwarfen *diese* Baumform, aber eine weitere Gruppe von 17% macht es sich nicht weniger leicht, wenn auch das Ergebnis insgesamt ein wenig eleganter aussieht: Sie werfen einen Kugelbaum hin, und nur einige von ihnen machen sich, wie Marlies, wenigstens die Mühe einer Andeutung von Früchten, Zweigen oder Blättern (Abb. 2). Diese Baumformen sind typisch für die Befindlichkeit und Arbeitsweise solcher Jugendlichen. Nicht nur die weiteren Intelligenz- und Persönlichkeitstests bestätigen das; auch in ihrer Lebensgeschichte werden weitere Zusammenhänge sichtbar.

Das Mädchen Marlies zum Beispiel hatte nach ihrem Schulabgang gar nicht erst den Versuch gemacht, eine Berufsausbildung zu beginnen. Sie hatte sich der „Unterwelt" des Städtchens zugewandt, verbrachte die Nächte in der Gesellschaft ihrer „Kumpel", war bald über Haschisch und LSD an härtere Drogen geraten und führt heute als einzige Tochter im Hause ihrer bürgerlichen Eltern das Leben einer ebenso nutzlosen wie Anstoß erregenden Drohne. Die Vorgeschichte des Mädchens zeigt die typischen Merkmale von Vernachlässigung (die Mutter blieb durchgängig berufstätig) und Verwöhnung. Marlies bekam, wie so viele ihrer Jahrgangsgenossen, viel materielle Zuwendung, ohne eine pflegliche Verwurzelung und Bindung im Elternhaus erleben zu dürfen. Solche Menschen entwickeln keine hinreichende lustvolle Motivation zur Arbeit, sie erleiden dadurch, daß man ihnen zu viele Wunscherfüllungen zu leicht anbietet, eine Aktivitätsatrophie, eine Verkümmerung der Fähigkeit, Ausdauer zu haben, bis ein befriedigender Erfolg eintritt. Diese Menschen bleiben säuglingshaft infantil. (Die Strichäste der Bäume sind ein Merkmal *frühkindlicher* Baumgestaltungsweisen, wie Karl Koch nachgewiesen hat.) Ihre Verwöhnung läßt sie erwarten, daß alle ihre Wünsche *sofort* befriedigt werden. Da Aufschub und Verzicht nicht geübt worden sind, können sie auch nicht ertragen werden. Die Riesenansprüche, die zusätzlich auf diesem Wege gezüchtet werden,

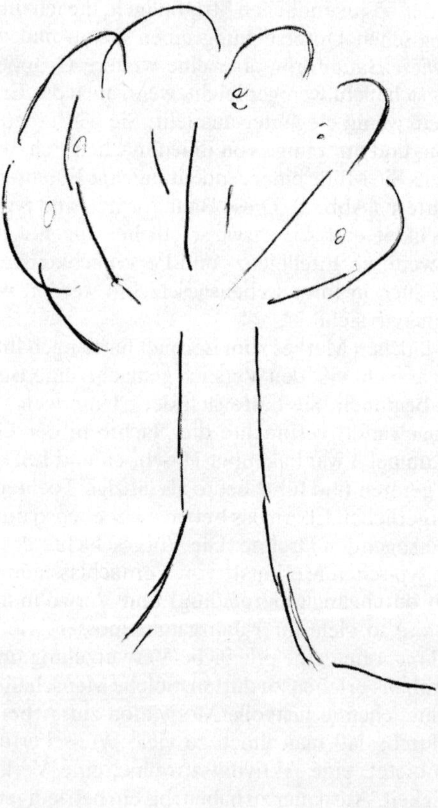

Abbildung 2

führen in eine Unersättlichkeitshaltung, die den Drang zum Diebstahl enorm begünstigt. Dieses junge Mädchen hatte in einem Hamburger Warenhaus zwei kostbare Kleider gestohlen, nachdem es festgestellt hatte, daß sein Geld nur für eines reichen würde. Marlies fehlten alle Möglichkeiten zum rechtmäßigen Erwerb der Kleider: sowohl das Geld dazu mit Hilfe eigener Anstrengung, eigener Arbeit zu erwerben, wie auch die Möglichkeit, es von den nur allzu weichherzigen Eltern zu erbitten oder die Kleider auf Rechnung schreiben zu lassen. *Sofort* brauchte sie sie, unmittelbar in dem Augenblick, in dem der Wunsch danach aufgetreten war. So behielt sie unter ihrem weiten Overall beide Kleider an, in dem unbestimmten Drang, endlich einmal genug zu bekommen.

Weil die Verwöhnung den Kindern nämlich etwas nimmt, und zwar die Möglichkeit zur Aktivität und damit zur Eigengestaltung des Lebens, erleben sich solche Menschen als arme, elende Habenichtse – selbst wenn sie in einer Millionärsvilla aufwachsen. Diese unbestimmte erhöhte Bedürfnisspannung, die die Habgier und damit die Motivation zum Diebstahl bewirkt, drückt sich in den Zeichnungen der jugendlichen Diebe oft darin aus, daß die Früchte sehr groß oder auch durch Schwärzung stark hervorgehoben gezeichnet werden.

37% aller jugendlichen Diebe zeichneten ähnlich wie Marlies vergrößerte oder geschwärzte Früchte und demonstrierten auf diese Weise ein allgemeines, diffuses Gefühl von Ungesättigtheit und Unzufriedenheit.

Neben dieser Gruppe der insgesamt 47% Flüchtigen steht eine zweite Gruppe von 48%, deren Baum durch eine ungewöhnliche Gestaltung der Äste gekennzeichnet ist: Die Astformen enden nicht, wie es der Natur entsprechen würde, spitzzulaufend, sondern sie enden bei 6% aller Delinquenten keulenförmig (s. Abb. 3), bei 35% als offene Röhren (s. Abb. 4) und bei 8% als abgesägte oder gar abgebrochene Stümpfe (s. Abb. 5). Die Aussage dieser Astformen ist sehr eindeutig und läßt Schlüsse zu über das bisherige Lebensschicksal von Menschen, die ihren Baum in dieser Weise gestalten. Ich habe in meiner Praxis keinen Jugendlichen gesehen, der so zeichnete und der nicht gleichzeitig eine unangemessene Entwicklung seines Aggressionstriebes aufzuweisen hatte.

Der sechzehnjährige Dietmar B. zum Beispiel erschien seinen Eltern als superbrav. Er gehorchte ihnen aufs Wort – hatten

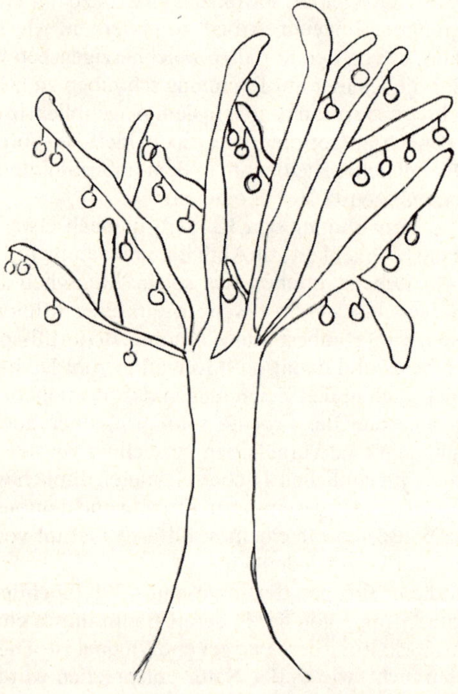

Abbildung 3

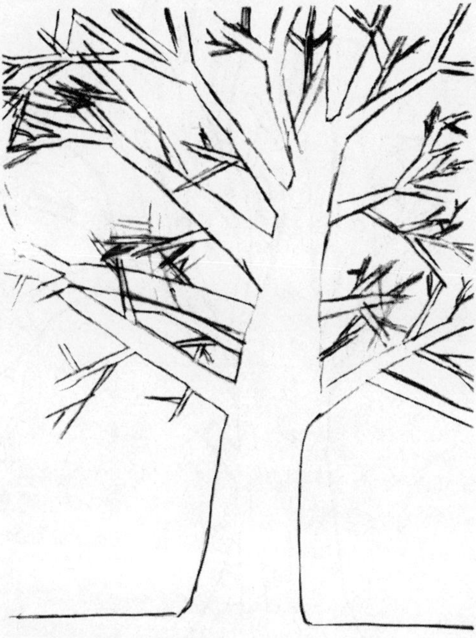

Abbildung 4

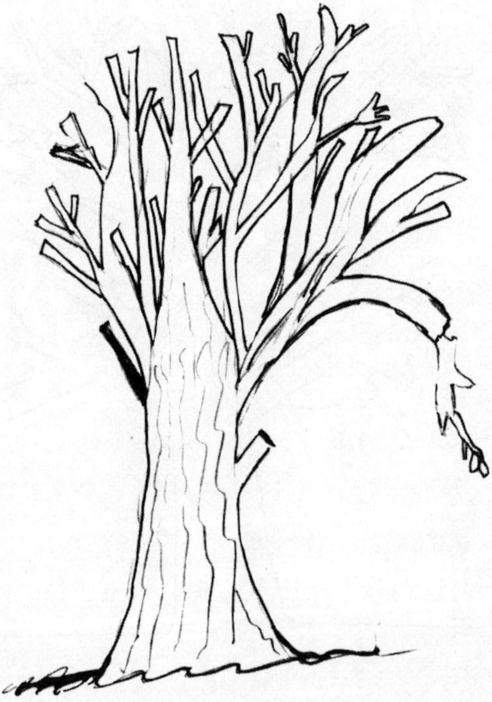

Abbildung 5

sie doch auch alles getan, um den Jungen mit eiserner Strenge „abzurichten". Mit Härte und Schlägen war er sowohl zur Sauberkeit wie zum Schullernen angehalten worden; freilich mit höchst zweifelhaftem Erfolg: Trotz durchschnittlicher Begabung versagte der Junge in der Schule vollständig und wurde schon kurz nach Vollendung seines vierzehnten Lebensjahres durch einen schweren Raubüberfall straffällig. Er hatte mit einem Kumpel einen alten, kranken im Bett liegenden Rentner mit einer Pistole bedroht und ihn genötigt, ihm seine gesamte Barschaft auszuhändigen. Gewalttätige Dressur hatte zunächst zu einer Verdrängung, später aber zu einer „keulenartigen" Übersteigerung seiner Aggressivität geführt*.

Als sehr aggressiv und mit einer Neigung zu explosivartigem Jähzorn und Angriffsdurchbrüchen erweisen sich auch die Jugendlichen, deren Äste röhrenartig offenstehen. Der Zeichner des Baumes der Abbildung 4 war dadurch straffällig geworden, daß er im Affekt immer wieder die Menschen seiner Umgebung angriff, würgte und mit Faustschlägen traktierte, so daß sie schwere Verletzungen davontrugen. Seine Vorgeschichte zeigte, daß durch die Gängelei und rohe Unterdrückung zweier älterer Brüder, die dem „Kleinen" oft gewalttätig zusetzten, eine Erniedrigung der Reizschwelle für aggressive Handlungen hervorgerufen worden war, die die affektive Überspannung und ihre explosionsartige Entladung begünstigten. Sie zeigt sich im Baumtest eben in der Form jener Röhrenäste, die gewissermaßen durch ihre Kanonenform eine unbewußte Demonstration der affektgeladenen Angriffswut darstellen.

Besonders eindrucksvoll kommt die Verstümmelung des gesunden Expansions- und Entfaltungswillens in jenen Baumzeichnungen zum Ausdruck, in denen die Jugendlichen sämtliche Äste als abgeschnitten oder abgebrochen darstellen, wie in der Abb. 5. Ja, dieser Jugendliche zeichnet – ohne alles Wissen um solche Zusammenhänge – sogar einen Ast im Zustand des Abbrechens. Das Schicksal dieses Jungen war in der Tat

---

* Karl Koch erwähnt in seinem Buch „Der Baumtest" diese Astformen allerdings nicht. Er spricht lediglich vom Merkmal der „Astverdickungen und Einschnürungen". Sie kommen freilich regelmäßig vor, wenn das Astende keulenförmig gezeichnet ist (s. Abb. 3). Bei Koch ist dieses Merkmal ebenfalls ein Leiden an Affektstauung und in der Pubertät u.a. ein Zeichen von „Heftigkeit, Grobheit, Frechheit und Kühnheit im Einsatz" (s. Karl Koch, Der Baumtest, Bern 1954, S. 126).

ein einziger Abbruch. Seine Eltern lebten jahrelang zusammen, ohne verheiratet zu sein. Der Kindesvater versprach seiner „Verlobten“ immer wieder die Ehe, ohne sein Versprechen einzulösen. Beider Unzufriedenheit wurde auf dem Buckel des Kindes, dieser Ursache des als nicht glücklich empfundenen Zusammenlebens, ausgetragen. Als der Junge sechs Jahre alt war, zog die Mutter schließlich enttäuscht mit ihm fort und ging eine neue Liaison ein. Der neue Ersatzvater begann bald, das Kind mit viel Geschimpfe und Diffamierungen zu „erziehen“. Die Mutter hatte den Eindruck, vom „Regen in die Traufe“ geraten zu sein, und kehrte schließlich reumütig zu dem Vater des Jungen zurück, der nun mit vermehrter Anstrengung versuchte, seine Erziehungskünste an seinem Sohn durch fortgesetztes Gängeln zu erweisen. Die Folge war ein totaler Leistungsblock des Jungen. Er versagte trotz durchschnittlicher Intelligenz in der Volksschule, verließ sie ohne Abschluß und blieb danach untätig zu Hause hängen. Auf die Frage, wie er sein Leben gestalten möchte, antwortet er zunächst mit Achselzucken, dann sagt er: „Am liebsten möchte ich in einer einsamen Hütte in Australien oder Neuseeland leben.“ Straffällig wurde er dadurch, daß er eines Tages „zufällig“ in einer stillen Straße ein Moped „fand“ und es mitgehen ließ. Die behinderte Expansion suchte unbewußt durchbrechend nach einer Möglichkeit ihrer Verwirklichung.

Wie hoch sind die Prozentsätze solcher Baummerkmale bei einem unausgelesenen Material?

Der Lehrer einer Realschule ließ Schüler der 8. bis 10. Klasse Obstbäume malen. Von den 65 Schülern zeigten 25% eine Tendenz zur Passivität, zu Bequemlichkeit und Riesenansprüchen, wie Marlies und Thomas sie zeigten, das sind 22% weniger rasch-fertiger Zeichnungen als bei den Straffälligen. 26% verrieten durch Röhrenäste, 14% durch beschnittene Äste und 6% durch Keulenäste einen unangemessenen Aggressionsstau und eine entsprechend unausgeglichene Charakterentwicklung, d.h. also insgesamt 46%.

Eine Tabelle soll die Untersuchungsergebnisse vergleichbar machen:

Jugendliche	*Delinquenten*	*Realschüler*
Strichbäume	18%	15%
Wirre Bäume	12%	5%
Kugelbäume	17%	5%
Gesamt der „bequemen“ Bäume	47%	25%
Röhrenäste	35%	26%
abgehackte Äste	8%	14%
Keulenäste	6%*	6%
Gesamt der „aggressiven“ Bäume	49%	46%
Früchtebäume	37%	20%

Erläuternd zu diesen Befunden muß noch hinzugefügt werden, daß weitere 12% der Delinquenten-Baumzeichnungen einzelne Keulenäste aufwiesen, während die übrige Krone aus Röhrenästen bestand. Solche „Mischformen“ waren nur bei 2% der Realschüler zu verzeichnen.

Zu welchen Erkenntnissen kann uns der Vergleich der Baumzeichnungen von jugendlichen Delinquenten und Realschülern führen?

Zunächst einmal: unter den Delinquenten gibt es sehr viel mehr bequeme, rasch-fertige Jugendliche. Um die 8., 9. oder 10. Klasse einer Realschule zu erreichen, bedarf es eben im allgemeinen bei durchschnittlicher Intelligenz einer gewissen Arbeitshaltung, eines gewissen Maßes von Fleiß und Bemühen. (Es sei denn, Gedächtnis und Auffassungsgabe sind überdurchschnittlich gut. Die 25% der Realschüler, die „bequeme“ Bäume zeichnen, sind vermutlich die, die bei entsprechender Mühewaltung in der Lage wären, Oberschulen zu besuchen.)

Andererseits weist der so viel höhere Prozentsatz der „bequemen“ Bäume unter den Delinquenten den Zusammenhang

* weitere 12% malen innerhalb von verschiedenen Astformen einzelne Keulenäste.

von fehlender Arbeitshaltung und der Gefahr von Straffälligkeit nach. 80% der untersuchten Delinquenten waren totale Schulversager! Ihnen fehlte sogar der Abschluß einer Hauptschule. Die Intelligenztests *(HAWIE)* dieser 65 Jugendlichen zeigte aber, daß nur einer von ihnen schwachsinnig war! Nicht der Intelligenzmangel, sondern die fehlende Arbeitsfähigkeit, die Aktivitätsatrophie beschwört die Gefahr von Rechtsbrüchen herauf.

Der Vergleich der beiden Gruppen mit „aggressiven" Bäumen zeigt, daß beide insgesamt annähernd gleiche Prozentsätze aufzuweisen haben. Schaut man sich freilich die Untergruppen genauer an, so wird deutlich, daß der Prozentsatz der abgehackten Äste (s. Abb. 5) unter den Realschülern wesentlich höher ist, während Röhrenäste und Keulenäste bei ihnen weniger häufig vorkommen. Das ist ein aufschlußreicher Befund; denn da der abgehackte Ast ein Merkmal der Entfaltungsbehinderung darstellt, scheint es nur allzu folgerichtig, daß eine solche Verstümmelung der Expansion weniger zum Rechtsbruch disponiert. Die wenigen jugendlichen Delinquenten die abgehackte Äste im Baumtest malten, waren eher durch einen explosionsartigen Durchbruch ihres Expansionsdranges auffällig geworden – durch das Stehlen eines Mopeds, wie Dietmar, durch das Fahren ohne Führerschein und Verursachung von Unfällen mit den unrechtmäßig angeeigneten Fahrzeugen.

Alle drei „aggressiven" Astformen zeigen zwar an, daß gestaute Aggressionen vorhanden sind, deren Druck zu explosionsartigen Ausbrüchen, sei es als Jähzorn (Röhrenäste, Abb. 4), sei es als Gewalttat (Keulenäste, Abb. 3) oder als Expansionsdruck (s. Dietmar, Abb. 5, abgehackte Äste) disponieren; die Gefahr zur aktiven Aggression ist aber bei den beiden ersten Jugendlichen wegen der geringeren Behinderung wesentlich größer.

Zählt man die Prozentsätze von Röhren- und Keulenästen bei beiden Gruppen zusammen, so ergibt sich, daß die Delinquenten einen Prozentsatz von 41, die Realschüler einen von 32 aufzuweisen haben. Die Gefahr aktiver Aggressivität ist bei den Delinquenten erheblich höher.

Man könnte dennoch skeptisch einwenden, daß die so ähnlich hohen Prozentsätze der „aggressiven" Bäume bei beiden Gruppen (49:46) die Relevanz der Baumzeichnung als Test in Frage stellen. Sind die hohen Prozentsätze an „aggressiven"

Bäumen unter den Realschülern nicht einfach ein Beweis dafür, daß der pathologische Aussagewert vielleicht doch nicht so hoch ist? Um solchen Einwänden zu begegnen, veranlaßte ich die Lehrer, die Zeichnungen derjenigen Kinder mit einem Kreuz zu kennzeichnen, die an den Nägeln kauen; denn das Nägelkauen ist sehr generell zwar nur eines der vielen, aber doch ein deutliches und relativ häufig vorkommendes Kennzeichen behinderter Antriebe. Es erwies sich: 34% von 65 jugendlichen Realschülern waren Nägelkauer. Es zeigte sich nun, daß die Prozentsätze von Nägelkauen und auffälligen Bäumen zwischen Realschülern und Delinquenten korrelieren. Bei ihrer Untersuchung und Befragung hatte sich herausgestellt, daß 54% an den Fingernägeln kauten. Eine Gegenüberstellung soll diesen Sachverhalt noch etwas deutlicher werden lassen:

	Delinquenten	*Realschüler*
Auffällige Bäume	95%	71%
Unauffällige Bäume	5%	29%
Nägelkauer	54%	34%

Es ist also anzunehmen, daß etwa 20 bis 24% weniger Realschüler eine Antriebsschädigung erworben haben als die jugendlichen Diebe, denn immerhin kauen 20% weniger Realschüler an den Fingernägeln, als dieses Leiden in der Gruppe der Straffälligen vorkommt. Und auffällige Bäume kommen bei den Delinquenten zu 24% häufiger vor.

Alle diese Ergebnisse müssen zu denken geben: Wenn eine *ländliche* Realschule mit einer doch erheblich gesiebten Schülerpopulation einen so hohen Prozentsatz von Jugendlichen mit pathologischem Aggressionsverhalten aufweist, läßt sich nur mit Bangnis an die Vielzahl pathologischer Fälle denken, die wir in den Hauptschulen unserer Ballungszentren mit einiger Wahrscheinlichkeit erwarten dürfen.

Der Baumtest liefert mit einfachen Mitteln eine Handhabe, den Lehrer davon zu überzeugen, wie hoch der Anteil antriebsgeschädigter Kinder in seiner Klasse ist. Die Notwendigkeit von Neurosenprophylaxe durch Erziehungskunde als Schulfach mag ihm auf diese Weise noch deutlicher vor Augen treten als der tägliche Kampf gegen mangelnde Ausdauer, fehlende Konzentration und die unbotmäßige Hyperaggressivität vieler seiner Schüler.

Kasperlespiele sind Seelenspiele

Der Herr Prinz schlägt mit großer Geste seine Stoffhände zusammen und ruft pathetisch, indem er sich zu dem maulklappernden Frosch herabbeugt: „Du armes, armes Fröschlein, da sitzt du nun auf dem Grund des Brunnens und mußt immer naß sein, obgleich du doch eigentlich ins Königsschloß gehörst! Komm, ich gebe dir einen Kuß, dann bist du entzaubert, dann bist du wieder die liebe Prinzessin!" Und das geschieht dann auch; die entzauberte Prinzessin sinkt erlöst in die Arme ihres Retters – die Hochzeit wird gefeiert, der Vorhang fällt. – Glücklich seufzend kriecht die neunjährige Armgard nach diesem Happyend hinter dem Kasperletheater hervor und nimmt als Hauptakteurin den Applaus ihrer Zuschauer entgegen.

Armgard spielt dieses Stück in einer psychotherapeutischen Spielstunde, und so hat uns die Frage zu beschäftigen: Ist die Auswahl dieser Spielphantasie zufällig? Ist sie nichts als eine Variante des Märchens vom Froschkönig? Aber warum ist dann diesmal die Prinezessin in einen Frosch verwandelt, und warum wird sie – völlig abweichend vom Märchen – durch einen Kuß erlöst? Ist die Phantasie vielleicht einfach dadurch entstanden, daß unter den Kasperlefiguren ein Frosch vorhanden war?

Diese Fragen finden rasch ihre Lösung, wenn man etwas über die persönlichen Probleme dieses Mädchens weiß. Es hat nämlich die Not, am Tage noch häufig in die Höschen zu urinieren – eine Schwierigkeit, die ihm viele Hänseleien in der Familie, von Geschwistern und Spielkameraden eingetragen hat. Armgard fühlt sich selbst naß und ausgestoßen wie ein verzauberter Frosch, und ohne daß es ihr bewußt ist, fällt ihr im Spiel die Erlösung von einer solchen Verzauberung ein: Sie möchte geliebt werden, sie möchte ein liebenswertes, bewundernswertes kleines Mädchen sein, wie eine von einem Prinzen geliebte Prinzessin.

In der psychologischen Betreuung läßt sich das Kasperletheaterspielen als ein höchst effektvolles Mittel verwenden, um Hinweise für die Lösung der Konflikte unserer kleinen Patienten zu bekommen. Aber nicht nur bei seelisch kranken Kindern gibt es in der eben aufgezeigten Weise Aufschlüsse. Auch bei seelisch gesunden Kindern regen die Handpuppen an, die eigenen inneren oder äußeren Konflikte, die im allgemeinen durchgängig vorhanden sind, auszuagieren und damit häufig ohne Einschaltung des Bewußtseins zu einer Verarbeitung der Schwierigkeiten zu kommen. Für den Erwachsenen aber kann das Zuhören und Hinterfragen eine fruchtbare Möglichkeit sein, um das Kind besser zu verstehen und in seinem Werdegang hellhörig zu begleiten. Daß das möglich ist, liegt vor allem daran, daß in den verschiedenen Gestalten des Kasperletheaters typische Teilbereiche der menschlichen Seele verkörpert sind, die in jedem von uns existieren. Das Kasperletheater ist wie das Schauspiel, wie das Epos, ja wie selbst noch das Kriminalstück eigentlich eine Projektion innerer Seelenkämpfe, und die Variationen lassen grundsätzlich Schlüsse zu über die spezifischen innerseelischen Schwierigkeiten seines Autors.

Um diese Gegebenheiten im Hinblick auf das Kasperletheater für ein besseres Verstehen der Kinder und ihrer Welt verwenden zu können, ist es nötig, genau zu wissen, welchen Teilbereich der Seele die einzelnen Puppen jeweils darstellen.

Zunächst gibt es eine Hauptgestalt, mit der sich der Spieler identifiziert. Nicht immer, aber in den meisten Fällen ist das der *Kasper*. Er ist der aktiv Handelnde, der klug Kombinierende, der zur rechten Zeit Eingreifende. Er hat oft die Züge eines sehr selbstbewußten Helden. Mit diesen Eigenschaften ist der *Kasper* als das Ich einer Person gekennzeichnet, jenes Teils im Menschen, der die Lebensgestaltung in die Hand nimmt und sich selbst in klugem Einsatz zu dieser Welt in Beziehung bringt. Ohne ein starkes Ich, ohne einen bewußten Überblick, ohne Planung und Entscheidung kann der Mensch das Leben nicht bestehen. Deshalb ist es sehr wichtig für das Kind, im Zuge seiner geistig-seelischen Entwicklung sein Ich zu stärken und zu konstituieren. Viele Kinder helfen sich auf diesem Weg mit spielerischen Phantasien, in denen der Held Kasper das Leben mit seinen Gefahren bewältigt und dafür belohnt und bewundert wird. Ein solches Spiel der Kinder kommt also der Ermutigung und Förderung ihres noch schwachen Ich gleich.

Zu kämpfen hat der Kasper gegen eine Fülle von dunklen Gestalten, und zwar gegen gefährliche Tiere ebenso wie gegen gefährliche Menschen und gefährliche Geister: den Räuber, die Hexe und den Teufel. Diese „dunklen“ Gestalten verkörpern die dunklen Teilaspekte in der Seele des Menschen; dabei sind in den wilden Tieren die ungezähmten, rohen Naturtriebe dargestellt, während in den dunklen Menschengestalten die ausgesprochen bösen Teilbereiche zum Ausdruck gebracht werden.

Kinder, die in ihren Kasperlestücken unentwegt gegen den Fuchs kämpfen, demonstrieren damit, daß sie es schwer haben, mit habgierigen oder gar diebischen Impulsen fertig zu werden. Kinder, die das Krokodil bevorzugen, kämpfen gegen die eigenen Aggressionen, Kinder, die die Streiche eines Affen ausphantasieren, haben es schwer, mit ihrem Geltungsbedürfnis zurechtzukommen. Die Räuber, der Teufel und die Hexe sind Symbole übermächtiger Tendenzen zur Destruktion entweder in den Kindern selbst oder in ihrer Umwelt. Habgier, Bosheit, Gefangennahme oder Mord nach Plan ist ihr Metier und kennzeichnen diese Gestalten als gefährliche Widersacher des Kaspers; denn das Ich des Menschen ist innerhalb seines Lebensweges immer in der Gefahr, von bösen inneren Wünschen oder von gefährlichen äußeren Verführungen zerstört zu werden. Ob die Hexe eine eigene Tendenz zur Bemächtigung Schwächerer im Kind selbst ist (und die Schwächeren können bei der heutigen Kindergeneration durchaus Erwachsene sein; ein unbotmäßiges Kind kann sich heute in der Familie wie eine Hexe gebärden und die Bezugspersonen „verzaubern“) oder ob die „Hexenhaftigkeit“ in der Umgebung sitzt – etwa als besitzergreifende Mutter oder als verwöhnende Großmutter, das kann sich dem gut beobachtenden Zuhörer an den Spielvariationen erschließen.

Aber das Kasperle ist nicht allein in seinem Kampf für das Gute. Oft findet er Hilfe im Polizisten, der meist zwar ein wenig dümmlich ist, aber doch stets auf dem Plan erscheint, wenn durch irgendeine bedenkliche Tat die Ordnung aus den Angeln zu gehen scheint. Der Polizist ist also auch im inneren Gefüge der Seele die Instanz, die die Ordnung aufrechterhält – sie steht für das Gewissen des Akteurs und damit im harten Gegensatz zu jenen Triebimpulsen, die durch eigenmächtige Übergriffe oder Machtanmaßungen das Gleichgewicht des Seelenhaushalts zu zerstören trachten. Aber neben der Polizei, der auch der Kasper gelegentlich ganz gern aus dem Weg geht, gibt es meistens noch einige gute Kameraden – oft ist es der Seppel oder das Mariechen, manchmal auch ein Hund oder ein Kätzchen. Diese Freunde sind ergänzende Charakterzüge, die das Ich stärken: Treue (Seppel), Liebe (Mariechen), Verteidigungsbereitschaft (Hund) oder Zärtlichkeit (Katze).

Meistens ist das Kasperlespiel überglänzt von einigen königlichen Personen: dem König, der Königin, dem Prinzen und der Prinzessin. Diese Figuren entsprechen den Idealen der Person. Dabei vertreten König und Königin häufig Väterliches und Mütterliches, jedenfalls das, was von diesen realen Personen angenommen und in die eigene Seele eingebaut werden konnte. Prinz und Prinzessin zeigen auf künftige Möglichkeiten der Lebensgestaltung, auf einen Sieg des Guten über das Böse und auf Hoffnungen und Möglichkeiten zur Ergänzung und Konfliktlösung (Heirat von Prinz und Prinzessin) hin.

Die Figuren haben aber keineswegs immer starr denselben Bedeutungsgehalt. Sie können auch vom Kind einmal atypisch verwendet werden. Vor allem sollte jede Mutter und jeder Vater wissen, daß in *jedem* Kind unkultivierte, naturhafte Antriebe lebendig sind, die im Spiel auch in grausamer Weise ausgelebt werden können. Das ist absolut kein Zeichen dafür, daß sich hier eine Neigung zum Verbrechen abzeichnet, im Gegenteil: das Spiel kann durch ein Beseitigen und Abtöten der Seelenteile, die vom Kind als negativ erlebt werden, ein großes und förderliches Stück Psychohygiene vollziehen. Wenn uns das Kasperlespiel als Schlüssel zu unseren Kindern dienen soll, so müssen wir vor allem selbst mit unserer Seele zuhören, uns die Frage stellen, mit welcher Figur sich das Kind identifiziert, und sehr genau die Abwandlung im Grundmuster des Kasperlestückes beachten. Will der zuhörende Erwachsene ein Gespür bekommen für die unbewußten Probleme der Kinder, so muß er vor allem ohne jedes Vorurteil beobachten können. Wenn diese seelische Offenheit und Bereitschaft des Zuhörens vorhanden ist, treten meist zunehmend mehr zentrale Inhalte des Unbewußten zutage. Dabei ist es von großer Wichtigkeit, daß der Erwachsene dann *nicht* eingreift, den Spielinhalt zu bestimmen sucht, moralisierend dazwischenfährt oder gar intellektualistische Deutungen anbietet. Dann nimmt der Aussagegehalt der Spiele sofort ab, das Kind verliert unter dem Eingreifen des Erwachsenen die Beziehung zu seinem Unbewußten und bringt keine individuellen Phantasiehandlungen mehr zustande.

Es ist auch sinnlos, die Kinder zu befragen, was diese oder jene Handlung zu bedeuten habe – sie wissen es nicht. Diese Frage sollten die Erwachsenen sich selbst lautlos stellen, aber ohne sich darüber krampfhaft „den Kopf zu zerbrechen". Sind sie vorurteilsfrei offen auf diese Frage eingestellt, so fällt es ihnen häufig wie Schuppen von den Augen, und die Möglichkeit zu verstehen kommt ohne Intellektualisieren auf sie zu. Ich habe in meiner Praxis die Erfahrung gemacht, daß bereits dieses Offensein, dieses intuitive Verstehen dem Kind zu einer Lösung seines Problems verhelfen kann, daß bereits die Möglichkeit, Spannungen unbewußt im Spiel auszuagieren, seine seelische Entwicklungsmöglichkeit erheblich fördern und ankurbeln kann. Das zeigt sich dann auch in einer Erleichterung der Erziehung und des Alltags mit ihm. Denn ein Kind, das sich verstanden fühlt, empfindet sich als geborgen. Seine Ängste mindern sich, es wird umgänglich, seine Spielfreude und der schöpferische Reichtum seiner Phantasie können sich voll entfalten.

Vom Wert des Musizierens

Hat es bei unseren Kindern heute noch in irgendeiner Weise einen Sinn, sie Musikinstrumente spielen zu lehren oder sie anzuhalten, sich an Chören zu beteiligen? Hat sich nicht auch auf diesem Sektor die Welt vereinfacht, indem die vielen „Lärmmaschinen", Radio, Plattenspieler, Kassettenrekorder, Genuß möglich machen, ohne sich selbst anzustrengen? Ist das eigene Musizieren nicht sinnlose Zeitvergeudung?

Wenn mir als Psychagogin von Eltern solche Fragen gestellt werden angesichts eines Kindes zum Beispiel, dem man, nur weil es einige schlechte Noten aus der Schule nach Hause gebracht hat, das geliebte Flöten und den Flötenunterricht verbieten will, bin ich geradezu bange; denn eine solche elterliche Einstellung beweist, daß der Wert des aktiven Musizierens heute häufig gar nicht mehr gesehen wird. Das Musizieren wird abgetan als eine überflüssige „Spielerei", als Zeitverschwendung, die das Kind auf andere Weise scheinbar sinnvoller verbringen könnte.

Ich möchte daher versuchen, von meinem Fachgebiet her den Wert des Musizierens für die seelisch-geistige Entfaltung des Menschen zu verdeutlichen.

Besonders in unserer Zeit hat das Lernen eines Musikinstrumentes geradezu exemplarischen Wert, weil es sich um einen Lernprozeß handelt, der in kleinen, geduldigen Schritten und Stufen zum Erfolg führt. Kinder können unter Anleitung eines geschickten Musikpädagogen an ihren Leistungsschritten die Erfahrung machen, daß der Erfolg eintritt, wenn man sich geduldig müht. Das Musizieren kann damit zu einer außerordentlich wertvollen Erfahrung führen: daß es einen Sinn hat, sich anzustrengen, daß es eine gute Sache ist, etwas in Angriff zu nehmen, statt alles passiv laufen zu lassen. Solche Erfahrungen haben die verwöhnten Kinder im technisierten Leben dringend nötig, weil sie durch unsere bequemen Lebensformen zu einer schädigenden Passivität verführt werden, die sie leer, gelangweilt und unglücklich macht. In den psychagogischen Betreuungen von Kindern gelingt das Herausholen aus der neurotischen Unlust häufig durchaus über das geduldige Erlernen eines Instrumentes, indem durch Vorspielen, Ermutigung und Beachten der Fortschritte *ein* Anfang gemacht wird in eine Aktivität hinein, ohne die gesunde Lebensbewältigung undenkbar ist.

Aber abgesehen davon, schließt die aktive Beschäftigung mit der Kunst das Tor zum Neuland ihres Verstehens auf; es tut sich dem jungen Menschen durch das intensive Hören von Melodien, von Rhythmus und Strukturen ein weiter Interessenbereich auf, der es ihm später ermöglichen kann, zu immer neuen vertieften Eroberungen zu kommen. Die Aufgeschlossenheit für Musik erweitert den Lebenskreis und läßt intensive seelische Bereicherungsmöglichkeiten entstehen.

Die Musik kann auch einen gemeinschaftsfördernden Aspekt haben. Ein Junge, der Posauneblasen gelernt hat, findet Gleichgesinnte im Posaunenchor und hat damit mehr Chancen, auf einem Gebiet, für das er sich interessiert, einen geistverwandten Freund zu finden; ein Mädchen, das Geige spielt, findet schnell, in welche Stadt oder in welches Land es auch immer verschlagen wird, Anschluß an Menschen, mit denen es sich versteht, indem es in ein Laienorchester oder in eine Kammermusikgruppe einsteigt.

Auf diese Weise kann der Einstieg in das Leben verschönt und erleichtert werden. Darüber hinaus bietet die Möglichkeit des gemeinsamen Musizierens das großartige Erlebnis, mit einer Gruppe von Menschen in einem überpersönlichen Einklang zu stehen, an einem höheren Tun unegoistisch mitzuwirken. Chor und Orchester, die sich zum Üben eines großen musikalischen Werks zusammenfinden und es schließlich sogar in einer festlichen Stunde anderen Menschen zu Gehör bringen, vollziehen in gleichnishafter Weise hohen Lebenssinn: nämlich sich gemeinsam an der Erhaltung und Erneuerung schöpferischen göttlichen Geistes zu beteiligen. Am deutlichsten und augenfälligsten kommt das meines Ermessens im Choral von Bachs Weihnachtsoratorium zum Ausdruck, das vom Chor auf dem Höhepunkt des Werkes mit machtvoller Stärke gesungen sein will:

Wir singen Dir in Deinem Heer
aus aller Kraft Lob, Preis und Ehr!
daß Du, ein langersehnter Gast
Dich endlich eingestellet hast.

Ich habe in der Behandlung seelisch kranker Jugendlicher die Erfahrung gemacht, daß die Schlacht von dem Augenblick an gewonnen ist, in dem es gelingt, durch die Teilnahme an der Aufführung eines der großen Chorwerke den Sinn des Lebens – als ein Arbeiten an und für die Schöpfung – zum Erleben zu bringen. Das braucht gar nicht unbedingt ins Bewußtsein zu treten. Das Entscheidende ist das eigene emotionale Ergriffenwerden von dem Geist der Erneuerung und der lebendigen Kraft des schöpferischen Geistes. Die Erfahrung, im Dienst dieses Geistes zu stehen, kann ein solches Ausmaß inneren Glücks, innerer Befriedigung bewirken, daß den Stürmen des Lebens fortan mit einer intensiven Standfestigkeit begegnet werden kann. Praxiserfahrungen dieser Art machen deutlich, daß der Wert musikalischer Aktivität gar nicht hoch genug eingeschätzt werden kann. Ja, sie ist von unermeßlicher, zentraler Bedeutung und macht darüber hinaus sichtbar, wie wenig der Mensch vom Brot allein leben kann, wie wesentlich es für ihn ist, über die primitiven Stadien der Daseinsbewältigung hinauszukommen. Dauerhafte, durchglühte Lebensfreude ist gewiß dort leichter zu finden, wo gerade und besonders mit Hilfe der Musik schöpferischer Geist verwirklicht und gepflegt wird. Daß es dieser Geist, der Geist der Musik ist, der Schöpfung trägt und in der Lage ist, den Menschen zu erfüllteren Seinsstufen zu verwandeln, hat in unmittelbarster Vollkommenheit Mozart in seiner „Zauberflöte" dargestellt. Die Flöte, die den Geist der Musik symbolisiert, vom unsichtbaren Vater an die Mutter Erde, an die Königin der Nacht vererbt, ist in der Lage, den Menschen durch alle Anfechtungen seines Lebens, durch die Anwürfe tierischer oder zerstörerischer Mächte zu führen.

Mozart hat uns gelehrt, wie dringend nötig die Zauberflöte, wie nötig die Musik für den Menschen ist, wie sie ihm helfen kann, Lebenskrisen zu bestehen. In der Musik leben heißt, einen Zugang zu einem Bereich zu bekommen, in dem göttliche Vollkommenheit ahnbar werden kann in der Weise, wie es im Terzett der Knaben in der „Zauberflöte" ausgedrückt ist:

Dann ist die Erd' ein Himmelreich
und Sterbliche den Göttern gleich.

Wenn wir über die Notwendigkeit des Musizierens nachdenken, wenn wir auf das Lebensglück unserer Kinder bedacht sind, sollten wir diese Wirklichkeit des Menschen, nämlich den Primat des schöpferischen Geistes, nicht aus dem Auge verlieren.

Wie gehe ich mit dem Trotz des Kindes um?

Der Trotz ist eine Verhaltensweise, die uns als Erzieher und als Eltern spontan stört. Es ist uns gewiß erstrebenswert, gehorsame Kinder zu haben, die auf unsere Worte hören. Wir wissen, wie ungemütlich eine Atmosphäre zwischen Menschen überhaupt – nicht nur bei Kindern – wird, wenn einer immerzu querschießt, wenn einer das gemeinsame Tun und Treiben blockiert und durch sein permanentes „Nein" den Frieden zerstört. – Mit Recht also fürchten alle Erziehenden den Trotz der Kinder, weil er sie ihrem Einfluß entrückt und die Durchführung erzieherischer Maßnahmen, wie sie sie für richtig halten, gewaltig erschwert. Wenn ein Mensch, mit welcher Absicht auch immer, einen anderen beeinflussen will, so hat das nur Aussicht auf Erfolg, wenn der andere bereit ist, sich diesem Einfluß zu beugen, offen, willig zu sein, ihn anzunehmen. Das ist die Grundvoraussetzung zu jedem erzieherischen Tun. Bei jedem gesunden Kind aber – und mag es ein noch so braver Säugling gewesen sein – kommt der Tag, an dem es sich gegen diesen unseren Willen mit heftigem Neingeschrei oder mit sanftem Widerstand – alle Nuancen sind hier möglich – auflehnt. Und dieser Tag liegt bei gesunden Kindern immer schon spätestens im 2. Lebensjahr. Wenn man nun im Auge hat, wie sehr dauernder Ungehorsam die Erziehungsarbeit erschwert, ist man versucht, diesem ersten Ansatz dazu mit Entschiedenheit und Härte zu begegnen, um das Übel an der Wurzel auszurotten. Frühere Generationen hatten denn in dieser Hinsicht auch ihre bewährten Grundsätze: „Kinder mit 'm Willen kriegen was auf die Billen". Der Erfolg war im allgemeinen so augenscheinlich, daß man lange nicht auf die Idee kam, daß diese Methode auch ihre Schwächen haben, ja, sogar schädlich sein könnte. Erst die Verhaltensforschung und die Tiefenpsychologie förderten in den letzten Jahrzehnten sehr merkwürdige Beziehungen zutage von der Entwicklung abartiger Charakterzüge, von Sprachstörungen und sogar körperlichen Erkrankungen und jenen Erziehungspraktiken in den frühen Kinderjahren, die ihr ganzes Augenmerk darauf gerichtet hatten, den Trotz zu brechen, wo immer er sich zeigte.

Von solchen Störungen möchte ich zunächst aus dem Alltag meiner Praxis in Form von Beispielen berichten, um mich dann der Frage zu stellen: Wie gehe ich so mit dem Trotz meines Kindes um, daß ich ihm eine gesunde seelische Entwicklung und eine gute Erziehung angedeihen lassen kann?

Als Manfred zu mir kam, war ich – obgleich ich viele Kinder mit solchen Störungen zu sehen bekomme – erschrocken über die Schwere seiner Sprachstörung. Es gelang ihm niemals, auch nur den einfachsten Satz ohne mehrere neue Ansätze zu Ende zu bringen. Er würgte und quälte sich, schob die Zunge vor, als sei sie ihm im Wege, wurde puterrot vor Scham und Anstrengung, aber das Sprechen gelang ihm nicht, er stotterte zum Gotterbarmen. – Die Eltern waren entsetzt und ratlos. Sie berichteten, daß der Junge schon in der Zeit des Sprechenlernens mit dem Stottern begonnen habe, das sich im Laufe der Jahre aber mehr und mehr verschlimmert habe. Mein Fragen um die Vorgeschichte des Jungen brachte aber zunächst keine Ursachen für das Leiden ans Licht. Manfreds Vater war Maurermeister, ein „Schrank von Mann“ an Körpergröße und Gewicht. Die Mutter machte einen sehr ernsten, aber mütterlich besorgten Eindruck. Sie hatte Manfred lange Zeit während der Säuglingszeit gestillt – er war das zweite Kind und hatte einen sechs Jahre älteren Bruder. Die Eltern berichteten nur, daß Manfred noch im 2. Lebensjahr ein sehr lebhaftes, ja lautes Kind gewesen sei, eine Eigenschaft, die sich gänzlich verloren habe. Jetzt sei er scheu und zaghaft, wolle nicht mit anderen Kindern spielen, sitze beschäftigungslos herum, oder wenn er etwas anfange, sei das Spielzeug rasch kaputt – eine Tatsache, die vielen und häufigen Ärger bei Eltern und Bruder hervorrief. In den Betreuungsstunden, die ich nun mit dem Kinde begann, war von dieser Schüchternheit binnen kurzem nicht das geringste mehr zu merken, im Gegenteil: Manfred verwandelte sich in einen wilden Rowdy, in ein Kind, das sich am liebsten bis über die Ohren schmutzig machte, in einen Schreier, der durchs ganze Haus grölte, der nichts um alles in der Welt so sehr liebte, wie Krach zu machen, mit Trompeten, Trommeln und Pauken.

Und je lauter er schrie, um so glatter gelang ihm der Ablauf der Worte. Erstaunlich war nun, daß Manfred schon nach kurzer Zeit begann, *meine* Erziehung zu übernehmen. So schrie er mich an: „Ich sage dir augenblicklich: keine Widerrede, halt den Mund – sofort, oder ..." Oder er schrie mich, die ich ihn stumm beobachtete und gewähren ließ, an: „Hörst du sofort auf zu schreien." Es war offensichtlich, daß Manfred genau die Worte gebrauchte, die im erzieherischen Alltag besonders häufig gebraucht wurden – und diese Worte kreisten vordringlich um das Verbot zum Sprechen, Schreien und Widersprechen. Die Mutter berichtete denn auch, daß sie das laute Sprechen von Manfred im 2. Lebensjahr immer sehr gereizt habe, daß er schon bald nach dem Laufenlernen begonnen habe, dickköpfig und trotzig ihr Widerworte zu geben, was sie regelmäßig hart gestraft habe – mit einem Schlag auf den Mund, mit Einsperren im Keller oder der Verheißung von Vaters Stock nach Feierabend. – Uns leuchtet ein, daß diese Mutter hier, in ihrem Trachten nach einem gehorsamen und rücksichtsvollen Kind, zu weit gegangen war. Sie hatte einen für das Kind lebensnotwendigen Entwicklungsvorgang unterdrückt, und das Stottern ist in diesem Fall ein Ausdruck – wenn auch ein schwerwiegender und folgenschwerer Ausdruck – für dieses mütterliche Mißlingen.

Um welchen lebensnotwendigen Entwicklungsvorgang es sich hier handelt, darüber kann uns gerade die Sprachstörung sehr eindrucksvoll belehren: Manfreds Trotz, sein Nein-sagen, sein Widersprechen gegen die Worte der Mutter, bildeten nämlich den Beginn dieses Entwicklungsschrittes, eines für das Kind entscheidenden und lebensnotwendigen Vorgangs: Mit diesem ersten Trotz, diesem ersten Nein leitete sich der erste, aber für Manfred notwendige Ablösungsschritt von der Mutter ein. Ein allgemeines Entwicklungsgesetz besagt nämlich, daß kein Lebewesen auf der Stufe, in dem Stadium bleiben kann, in dem es sich befindet. Es muß das Alte an einem bestimmten Zeitpunkt überwinden, abstoßen oder gar zerstören, um in ein neues und weiterführendes Entwicklungsstadium hineinzuwachsen. Der erste Ablösungsvorgang dieser Art, den ein Mensch zu vollziehen hat, ist der aus der Urganzheit, der Urgemeinschaft des ersten Lebensjahres mit seiner Mutter. Dieser Schritt beginnt immer mit dem Ungehorsam, denn nur durch die Auflehnung gegen die allseitige Behütung der Mutter kann eine Entwicklung in Gang kommen, ohne die ein Mensch sein Leben später nicht bestehen kann, ohne die Ausbildung eines festen eigenen Willens, der den Grund bildet zu jeder aufbauenden, zu jeder schöpferischen Lebensleistung. Deshalb kann es auch nur folgerichtig sein, daß ein Kind, dem man diese Ablösung und die Ausbildung seines eigenen Willens verwehrt, nur allzu leicht gerade an jenem Vorgang eine Störung erleidet, der zu den ersten aufbauenden Leistungen eines Menschen gehört: nämlich die Beherrschung und Fertigkeit des Sprechens. Demzufolge verschwand denn auch die Sprachstörung, nachdem Manfred in vielen Betreuungsstunden das Neinsagen so geübt hatte, daß die Bahn frei wurde für die eigenständige Entwicklung seiner kleinen Person. Aber dazu waren eine große Menge von Opfern seiner Eltern nötig, die es jetzt aushalten mußten, daß Manfred auf dem Hof laut war und kommandierte wie ein General. Als der Junge eine Weile so überschießend die verdrängten und gedrosselten Impulse ausgelebt hatte, verschwand auch das übertriebene Bedürfnis, sich wild und tobend zu gebärden. Er begann, sich für Spiele zu interessieren, in denen man planmäßig etwas bauen und basteln kann. Denn auch bei gesunden Kindern geht jeder aufbauenden Spieltätigkeit eine Zeitphase voraus, in der das Kaputtmachen, das Zerreißen im Vordergrund steht, und zwar aus dem oben geschilderten Grunde: Die Kinder zeigen in ihrem Spiel, daß die Zeit da ist, in der es für sie nötig ist, das ganz enge Band des Babys zur Mutter zu zerreißen und aufzulösen, zugunsten der eigenständigen Entwicklung, die sie naturnotwendig vollziehen müssen.

Aber nicht immer zeigt sich das Mißlingen dieser Ablösungszeit, der Trotzphase, in einer Sprachstörung. Es können sogar an dieser Stelle körperliche Erkrankungen auftreten. Ich will das an meiner kleinen Patientin Sabine aufzeigen:

Auch Sabines Mutter war sehr verzweifelt, als sie – vom Kinderarzt geschickt – um Hilfe bat. Sabine litt seit ihrem 4. Lebensjahr an Bronchialasthma, einem Leiden, das mittlerweile die ganze kleine Familie verstört hatte, denn Nacht für Nacht rang die achtjährige Sabine mit dem Unvermögen, Luft zu bekommen. Allmählich hatte sie eine fürchterliche Angst vor diesen Anfällen ausgebildet, und auch die Mutter lauschte des Nachts gespannt und sorgenvoll auf den rasselnden Atem ihres Kindes. Es war mit allen Heilmitteln behandelt worden, die der modernen Medizin zur Verfügung stehen – von den

Injektionen über Beruhigungsmittel bis zu Heilkuren mit Luftveränderung im Gebirge und an der See. Nichts hatte geholfen. Dabei hatten sich Mutter und Kind in einer durchaus verständlichen, aber dennoch bedenklichen Weise auf das Leiden einzustellen versucht. Sabine kam im Sommer tief in Wolle verpackt zu mir, mit zwei Pullovern über der schafwollenen Unterwäsche, mit langen Strümpfen und langen Hosen. Nach jeder unruhigen Nacht blieb Sabine der Schule fern, so daß sie bereits eine Klasse wiederholt hatte und auch in der jetzigen Klasse zu versagen drohte. Sabine war, als ich sie zum erstenmal sah, von einer kaum überbietbaren Schüchternheit, außer „Ja", das zaghaft und mit gesenktem Kopf herausgepreßt wurde, waren von ihr weder Äußerungen, noch Gebärden, noch spontane Handlungen zu erhaschen. Dabei glich sie in ihren gedrückten Gesichtszügen und in der stummen Leidenshaltung in einer so erstaunlichen Weise der Mutter, daß man sehr versucht war zu meinen, daß es sich hier um eine sehr stark ererbte Gleichheit handele. Dennoch stand dieses überschüchterne Verhalten in einem merkwürdigen Gegensatz zu ihrem Körperbau: Sabine war für ihr Alter groß und hatte einen fast athletisch starken Knochen- und Körperbau. Als ich meine Fragen nach Sabines Vorgeschichte vor allem auf die Zeit konzentrierte, in der die Krankheit ausgebrochen war, ergab sich, daß Sabine kurze Zeit vor dem Beginn der Erkrankung ein Brüderchen bekommen hatte. Sabine hatte ihr Bett im Schlafzimmer der Eltern räumen müssen und hatte im Nebenzimmer eine andere Schlafstatt bekommen. Die Mutter erinnert sich jetzt, daß es damals mit der sonst braven Sabine um dieses Bett einen Riesenaufstand gegeben hatte. Sabine habe ihr Bett nicht abgeben wollen, sie habe sich laut schreiend an die Stäbe ihres Bettes geklammert und geheult: „Nein, tu das Brüderchen weg, das Brüderchen soll nicht mein Bett haben!" Die Mutter erinnert sich jetzt, wie häßlich und ungezogen sie diesen Protest empfunden habe. Sie habe Sabine erst mal eine hübsche Tracht Prügel versetzt und ihr dann gesagt: „Dem Brüderchen mußt du jetzt alles abgeben, das Brüderchen ist klein, und du bist groß. Du kannst jetzt nicht mehr alles alleine haben. Wenn das Brüderchen ein wenig größer ist, muß es auch mit deinem Spielzeug spielen und deine Sachen tragen, die du nicht mehr brauchst. Mit dem Brüderchen mußt du immer alles teilen, denn es ist eben dein Brüderchen.“ Sabine hatte sich, nachdem auch der Vater am Abend ihr noch einmal energisch und drohend ins Gewissen geredet hatte, denn auch gefügt, aber kurze Zeit darauf waren die nächtlichen Asthmaanfälle des Kindes aufgetreten.

Der Aussagewert dieser Erkrankung bestand also zunächst in einem Protest, in einem Trotz, den das Kind am Tage nicht von sich geben durfte, etwa nach dem Motto: „Mutter, komm, ich bin so allein, hilf mir, das Brüderchen nimmt mir alle Luft zum Leben weg.“ Durch die Erkrankung erreichte Sabine, wenn auch durch viele Leiden, das, was sie mit ihrem Protest hatte erreichen wollen und nicht können: Daß Mutter sich um sie wie um das Baby kümmerte und sorgte, daß sie nicht allein war und daß sie – als krankes Kind – kaum mehr in Anspruch genommen wurde, mit dem Bruder zu teilen oder ihn gar zu hüten. Auf diesen heimlichen Hintergründen der Erkrankung konnten alle medizinischen Mittel wenig ausrichten, weil durch die Erkrankung die Angst um den Verlust der Mutter in einer zwar fragwürdigen, aber immerhin scheinbar befriedigenden Weise besänftigt wurde und weil zusätzlich in einem Teufelskreis die gesamte Entwicklung des Kindes eingeengt und unterdrückt wurde. – Dementsprechend hat Sabine jetzt auch seit dem Beginn der Behandlung im Januar keinen einzigen Asthmaanfall mehr gehabt, weil sie es lernte, sich zu wehren, zu protestieren, wenn ihr etwas nicht gefiel, ihre Besitzrechte gegen die des kleinen Bruders abzugrenzen und sie zu verteidigen. Sabine lernte es auch, bei eiskaltem Wetter bis zur Atemlosigkeit mit mir Schlittschuh zu laufen und dadurch die Bestätigung zu bekommen: Ich bin gesund und stark, ich kann ja das Toben vertragen – sogar im Winter. Ich brauche diese ermüdende Schonung gar nicht, sie ist ein schlechter Preis für die Freude an der freien Bewegung und am freien Spiel. – Das Erstaunliche aber war für mich Sabines Wesensveränderung, sie wurde ein strahlendes und robustes Kind, das mit klaren Blicken und Worten sein Lebensrecht zu behaupten wußte, in einer Art, die zu ihrem kräftigen Körperbau in einem viel harmonischerem Verhältnis stand.

Ganz allgemein läßt sich aber zu diesem Thema sagen: Es kommt außerordentlich häufig vor, daß Kinder, die sich gerade in dem Stadium der beginnenden ersten Ablösung, in der ersten Trotzphase befinden, ein Geschwister bekommen. Wird von so einem Kind gewaltsam, erzieherisch ungeschickt und jäh die sofortige Verselbständigung verlangt, die vorher durch eine Menge Verwöhnung vielleicht sogar hinausgeschoben worden ist, so antworten viele Kinder mit einem schweren seelischen Schock, der ihnen das übliche Durchstehen der Trotzphase unmöglich macht: Sie werden durch diesen Schock und mit seiner Hilfe wieder hilfsbedürftig, entweder durch körperliche Erkrankungen, die die Pflege der Mutter erzwingen, oder durch babyhafte Verhaltensweisen, wie etwa ein erneutes Bettnässen oder gar Einkoten.

Durch ein Wissen um solche Entwicklungsgesetze kann man solche – häufig ein ganzes Leben vergiftenden – Pannen vermeiden. Einem Kind, das in der Ablösungsphase ein Geschwister bekommt, kann man mit einiger Geschicklichkeit durchaus die Ablösungsphase erleichtern. Man kann ihm eine Menge liebevoller alter und vertrauter Dinge mit in das neue Bett geben: den gleichen geliebten Wandbehang oder die Bettbespannung, Beißring und Steiftier. Vor allem kann man aber mit viel Stolz darauf hinweisen, wie schön es ist, ein großes Kind zu haben, ein Kind, das schon so schön sprechen kann, das sich selbst etwas wünschen kann, das auch mal nein sagen kann, wenn es etwas nicht mag oder wenn ihm etwas nicht bekommt. Man kann dem Vater abends erzählen, was das große Kind schon gekonnt hat: die Schuhe schnüren oder die Zähne putzen. Und der Dickkopf – wird er nur ein paar Mal verstehend durchgestanden – ist bald überwunden zugunsten interessanterer Beschäftigungen.

Aber nicht immer verhält es sich so, daß einem Kind die Trotzphase und damit die erste Ablösung durch zu viel Härte der Erziehenden mißlingt. Oft ist auch gerade das Gegenteil der Fall. Sehr eindringlich wurde mir das an meinem kleinen Patienten Ulrich deutlich. Als Ulrich zu mir kam, war er neun Jahre alt und litt an einem unwillkürlichen Gesichtstic, durch den sich in kurzen Abständen die Gesichtsmuskulatur zu Grimassen, Blinzeln und Nasenkrausen verzog. Oft war der Tic sogar so stark, daß er sich zu einem Blähen und Schnauben des Mundes ausweitete. Ulrich war das einzige Kind seiner Mutter. Der Vater war kurz nach der Geburt des Kindes durch einen Unfall verstorben. Diese Mutter nun hütete ihr Kind – „das einzige, was ich auf der Welt habe“, wie sie sagte – wie einen Augapfel. Als Uli zu laufen begann, wurde er fest an Mutters Hand genommen, niemals durfte er irgend etwas allein tun. Der

Protest und der Trotz des Kindes wurden mit so viel Fürsorglichkeit zugedeckt, daß er darunter gar nicht zur Entfaltung kam. Uli fand das schließlich sogar auch sehr bequem. Die Mutti tat alles für ihn, sie nahm ihm jede Handbewegung und jede eigene Anstrengung ab, sie ließ ihn niemals allein, sie schlief bis der Sohn neun Jahre alt war mit ihm in einem Zimmer. Und doch steckte eben eine Kraft in Uli, die sich wehren wollte, eine geheime Instanz, die ihn zu Trotz und Auflehnung trieb, nämlich der Impuls zu einer eigenständigen Entwicklung. Aber unter den Argusaugen seiner Mutter war das nicht möglich. Uli entwickelte unter dieser übertriebenen Fürsorge eine merkwürdige Trägheit, ja Lustlosigkeit und, als er in die Schule kam, eine derartige Langsamkeit des Arbeitens, daß die Mutter entsetzt war. Aber je mehr sie ihn antrieb: „Uli, so mach doch zu, Uli, nun tu dies, nun tu das", um so lahmer, um so renitenter wurde das Kind. Der Trotz, der keine Möglichkeit hatte auszubrechen, zeigte sich als passiver Widerstand in der Verlangsamung des Arbeitstempos, dazu auch in dem Symptom des Grimassierens – denn auch aus ihm spricht der Unwille, die ganze wütende Auflehnung gegen die weich vergewaltigende Diktatur der Mutter.

Mit dieser Art des Trotzes kann man nur richtig umgehen, indem sich die Mutter größtmöglichste Zurückhaltung auferlegt. So ein Kind muß erst einmal empfinden, daß es allein wollen darf und daß seine eigenen Impulse nach Tätigkeit nicht immerzu an die Barriere des mütterlichen Willens stoßen. Das ist bei einem Neunjährigen, der schon seit dem Beginn der Willensentwicklung in seinem 2. Lebensjahr ständig in dieser Weise unterdrückt wurde, ein Weg, der lange dauert. Denn schon ist es so einem Kind zur Gewohnheit geworden, sich im täglichen Tun müde zu fügen. Und nur zaghaft und unter Angst wagt solch ein Kind zunächst, seinen kleinen Alltag selbst in die Hand zu nehmen. Sein Gesichtszucken pflegt aber erst zu verschwinden, wenn das Kind es gewagt hat, sich eine Zeitlang sogar gegen den Willen der Mutter offen aufzulehnen. Erst wenn eine Trotzphase nachgeholt ist, ist schließlich die Bahn frei für eine eigenständige Entwicklung und damit auch für bessere Schulerfolge. Denn bei der modernen Schulform versagt jedes Kind, das nicht eigene Willensimpulse und eigenständige Arbeitslust mit in die Schule bringt.

Ich hoffe, daß es jetzt leichter ist, die Frage zu beantworten:

Wie gehe ich mit dem Trotz des Kindes um? Wichtig ist vor allem, den Trotz als eine notwendige Entwicklungserscheinung zu verstehen. Man darf diesem Trotz als Vater oder Mutter auch gern und durchaus seinen eigenen Willen entgegensetzen, aber man soll sich davor hüten, es für richtig zu halten, den Trotz zu brechen. Bricht man den Trotz, so bricht man häufig viel mehr: nämlich die Fähigkeit zu wollen. Es ist wohl wichtig, daß einem Kind im Alltag feste Grenzen gesetzt werden, zum Beispiel eine feste Ordnung der Mahlzeiten und der Schlafenszeiten. Aber man sollte innerhalb dieser Ordnung die Zügel möglichst lang lassen, damit die Willensimpulse sich entfalten können. Ich habe an den vielen Betreuungsfällen meiner Praxis erlebt, daß sich dieser Weg durchaus gehen läßt, ohne daß die Kinder über Tisch und Bänke springen. Man braucht eigentlich lediglich zu respektieren, daß unsere Kinder nicht unser schrankenloser Besitz sind, über den wir Vollmacht haben, sondern daß sie Leihgaben sind, Geschenke auf Zeit, die uns wie Blumen anvertraut sind, daß wir ihnen zu ihrer eigenen Entfaltung verhelfen als gute und verantwortungsbewußte Gärtner.

Bettnässen

Vom Kinderarzt des Krankenhauses geschickt, kommt eine Mutter mit ihrer sechsjährigen Tochter in die Erziehungsberatung. Das Kind hat einen mehrwöchigen Krankenhausaufenthalt hinter sich; denn es ist mit schweren Verbrühungen des Gesäßes eingeliefert worden. Schrecklicherweise ist das Mädchen in einen Topf mit heißem Wasser gefallen, wie die Mutter angibt, schon zum zweiten Mal in diesem Jahr. Das Mädchen sei während seines Krankenhausaufenthaltes so merkwürdig verschüchtert geblieben, meint der Arzt, so daß er der Mutter die Beratung vermittelt habe. Bei der Erhebung der Vorgeschichte erzählt die Frau, daß ihre Tochter nicht bettrein werden wolle. Es sei zu verzweiflungsvoll. Außerdem könne Sabine, wenn sie nur wolle; denn nach dem ersten Unfall, im Krankenhaus, und auch jetzt beim 2. Mal sei nie etwas passiert. Die Krankenschwestern hatten nicht gemerkt, daß Sabine ein Bettnässer sei. Und auch früher, bei Verwandten, habe sie sich zusammengenommen. Nur zu Haus sei sie so bös – und geradezu immer passiere es, wenn die Mutter das Bett frisch überzogen habe. „Und da haben Sie gemeint. Sabine brauche einmal eine deftige Strafe", sagt die Erziehungsberaterin, „und haben sie in das heiße Wasser getaucht." Die Mutter bricht unversehens schluchzend zusammen. „Ja, die Nachbarin hat gemeint: heißes Wasser, das hilft – und so war's dann ja auch. Obgleich sie sich den Po verbrüht hat, blieb sie doch eine ganze Weile sauber – und als sie dann wieder anfing, Nacht für Nacht einzunässen, da hab' ich es halt noch einmal damit versucht. Aber seit sie nun wieder zu Hause ist, hat das Nässen dennoch bald wieder eingesetzt."

So unglaubwürdig diese Geschichte klingen mag, so grell beleuchtet sie als besonderes Extrem das reale Martyrium, das viele Kinder noch heute erdulden müssen, weil sie einnässen und ihre Mutter oder Pflegepersonen damit in oft unbeherrschbare Wut treiben. Ein großer Teil der mißhandelten Kinder, die schließlich daran starben, wurden wegen dieses Leidens totgeprügelt – und das vor allem, weil bei den Erwachsenen keine Kenntnis über die Ursachen der Schwierigkeiten besteht, weil sie wähnen, es handle sich um eine Unart, die man mit Strafen bekämpfen könne.

Woran liegt es, daß es in unserer aufgeklärten Zeit so viel Ignoranz über ein so häufiges Leiden gibt? Denn nach neueren Untersuchungen sind allein 30% der 9–10 jährigen Kinder noch nicht sicher stubenrein! Das liegt gewiß zu einem großen Teil daran, daß sich die Mütter über Verhaltensstörungen dieser Art bei ihren Kindern so sehr schämen, daß sie ihre Schwierigkeiten zu verheimlichen trachten, und zum zweiten daran, daß das Leiden meist zu Beginn der Reifezeit spontan verschwindet. So hat es selbst in der Medizin nicht die Beachtung gefunden, die notwendig wäre; denn 1. sind in den allermeisten Fällen keine organischen Befunde im Blasenbereich feststellbar, und 2. bleibt es allenfalls, so scheint es, nur ein vorübergehendes kinderärztliches Problem. Nach einem Vortrag, in dem die vorgenannte Zahl der an Bettnässen leidenden Kinder genannt wurde, konnte sich deshalb auch ein Internist erlauben, diese Zahlen anzuzweifeln; denn in seiner 30jährigen Praxis habe er noch keinen Fall von Bettnässen zu sehen bekommen.

Aber der Trost, daß das Leiden vorübergeht, ist zu schwach, wenn dieses „Vorübergehen“ zwölf, ja gelegentlich sogar 14 bis 16 Jahre andauert! Darüber hinaus haben wir in der Praxis längst die Erfahrung gemacht, daß das Bettnässen oft zu den sogenannten Primordialsymptomen, d.h. zu den Erstanzeichen einer seelischen Beeinträchtigung gehört, die sich heilen läßt, wenn sie früh genug erkannt wird, die aber zu schwer behebbaren Lebensschwierigkeiten führen kann, wenn man solche Notwehr, wie das Bettnässen, nicht als erste Signale beachtet und früh etwas dagegen getan hat. Das muß zwar nicht immer und bei jeder Form des Bettnässens so sein; aber weil es so sein könnte, sollte man Kinder, die jenseits des 5. Lebensjahres immer noch nachts das Bett naß machen, in einer Erziehungsberatungsstelle vorstellen, um eine unterscheidende psychodiagnostische Untersuchung durchführen zu lassen.

Um die seelische Entwicklung erkennbar zu machen, die zu einem Bettnässerleiden führt, sollen ihre Formen kurz skizziert werden. Es gibt Kinder, die, ohne je sauber geworden zu sein, Nacht für Nacht, meist mehrere Male, einnässen. Meistens geschieht das etwa 1 bis 1 1/2 Stunden nach dem Einschlafen, gelegentlich noch einmal um Mitternacht, schließlich noch ein drittes Mal 1 bis 1 1/2 Stunden vor dem Aufwachen. In anderen Fällen nässen die Kinder nur gelegentlich ein, zwei- bis dreimal in der Woche oder auch nur in monatlichen, unterschiedlich langen Abständen. Bei einer dritten Form der Erkrankung setzt nach jahrelangem Trockensein das Leiden plötzlich ein, bleibt über Jahre bestehen oder verschwindet ebenso spontan von einem Tag auf den anderen, wie es gekommen ist. In wenigen Ausnahmefällen bleibt das Einnässen bis über die Jugendzeit hinaus bestehen oder setzt erst dann vorübergehend ein. Unter der Voraussetzung, daß aus einem bettnässenden Kind später ein Alkoholiker wird, kommt es nicht selten unter der zusätzlichen Belastung durch den Alkohol und die übertrieben große Trinkmenge zu einem Rückfall in das Leiden, sogar im Erwachsenenalter.

Das sind aber keine willkürlichen Zusammenhänge. Wir machen die Erfahrung, daß auch bereits bettnässende Kinder einen ungewöhnlich starken Trinkkonsum haben, so daß viele Pflegepersonen aufgrund dieser Beobachtung zu der zwar verständlichen, aber doch falschen Schlußfolgerung kommen, das Leiden wäre allein durch den übertriebenen Trinkbedarf hervorgerufen. Daß es nicht so ist, beweist die Erfahrung, nach der die Einschränkung der Trinkmenge, ja das Verbot, vom Mittag ab nichts mehr zu trinken, das Leiden in den seltensten Fällen zum Verschwinden bringt.

Aber noch andere Wesensmerkmale treten in Verbindung mit dem Einnässen auf: Selten sind die Bettnässer-Kinder gute Schüler. Dazu sind sie im allgemeinen zu passiv, ein wenig bequem, vor allem beim Schularbeiten-Machen. Hingegen schlafen sie im allgemeinen gern, viel und anscheinend besonders tief. Kaum einmal hat ein Kind dieser Art Schlafstörungen, ja die Mütter berichten, daß es schwer möglich sei, die Kinder wach zu bekommen, um sie aufs Töpfchen zu setzen. Sie seien von einer bewußtlosen Unweckbarkeit; man könne sie schlafend forttragen. In der Mehrzahl der Fälle sind Kinder, die nicht bettrein werden können, besonders freundliche, liebevoll ansprechende Wesen. Sie lächeln viel und schauen ihr Gegenüber gern aus großen liebeheischenden Augen an. Viele sind in einem übersteigerten Maße anhänglich. Sie „kleben" am Rockzipfel, so könnte man sagen, als wollten sie am liebsten in den Menschen, zu dem sie Kontakt gefunden haben, ganz hineinkriechen. Dennoch sind sie für manchen, der mit ihnen Freundschaft schließt, letztlich enttäuschend, denn nicht selten zeigen die nässenden Kinder eine Tendenz zum Diebstahl, und zwar gerade bei den Menschen, die sich ihnen mehr zuwandten als andere. Oft tritt die Tendenz, mehr und mehr zu stehlen, auch gerade von dem Zeitpunkt ab in Erscheinung, an dem mit „Gewalt das Leiden geheilt" worden ist. So begann ein 7jähriger Junge seinen Eltern von der Woche an Geld zu stehlen, in der der Vater sich entschlossen hatte, seinem Sohn das Nässen mit dem Stock auszutreiben. Der Junge bekam an jedem Morgen, wenn sich erwies, daß das Bett naß war, vom Vater seine Tracht Prügel. Nach fünf solchen „Strafreizen" verschwand das Leiden auf Nimmerwiedersehen; aber bereits im Alter von 14 Jahren stand dieser Junge vor dem Jugendgericht, weil er in seiner Umgebung wahllos stahl, was nicht niet- und nagelfest war.

Was sind das für merkwürdige Zusammenhänge zwischen Nässen einerseits und Stehlen, Schlaftiefe, Trinkfreudigkeit und Passivität andererseits? Das zu verstehen ist nur möglich, wenn man etwas über die Entstehungsursachen des Bettnässerleidens weiß. Grundsätzlich läßt sich sagen, daß der Spannungszustand der Blase ein eindrucksvoller Gradmesser für seelische Spannung ist. Auch für den Erwachsenen gilt noch: Je entspannter der Allgemeinzustand eines Menschen ist, um so mehr Harnflüssigkeit kann seine Blase fassen und halten. Je mehr er verunsichert ist, je mehr ihm vor allem die für ein stabiles Selbstwertgefühl nötige Anerkennung fehlt, um so mehr gerät häufig gerade die Blase in einen Zustand dauerhafter Verspanntheit, die zu häufiger Harnabgabe nötigt. Die Blase ist also generell einer der Orte des Körpers, die über den unausgeglichenen Zustand der Seele mehr aussagen kann, als der Betroffene selber weiß.

Auch bei Kindern ist das so, aber sie haben häufig im Gegensatz zu den Erwachsenen noch nicht die Möglichkeit entwikkelt, auch durch den Schlaf hindurch den Blasendruck zu registrieren und ihn als Weckreiz zu erleben. In den Fällen von fortgesetzten Einnässen ist dies die Folge einer gedrückten Gestimmtheit, die eben auch in der Passivität dieser Kinder ihren Ausdruck findet. In der Tiefe ihrer Seele sitzt nämlich eine große Resignation. Die ist gar nicht leicht zu erkennen; denn am Tage wirken ja diese Kinder durchaus heiter, sie sind im allgemeinen zugänglich, keineswegs sonderlich aufsässig und widerborstig. Am Tage schaffen sie es deshalb auch, ihre Höschen sauber zu halten. Das liegt daran, daß sie, ohne es selbst zu wissen, am Tage ihre Resignation überspielen, so daß sie nur als ein wenig Passivität in Erscheinung tritt. In der Nacht aber, im Bett, setzt eine Situation ein, die wieder dieselbe ist wie die, in der das Leiden entstand: nämlich in der Säuglingszeit. Kinder nässen keineswegs aus Protest das Bett ein, etwa weil die Mutter sie mit Topfsitzungen quälte (solche Kinder bleiben meist erstaunlich sauber, haben aber viele andere Leiden), sie nässen auch nicht, weil niemand sie rechtzeitig an die Sauberkeit gewöhnte – eine russische Forschergruppe hat herausgefunden, daß die Art Mensch im 4. Lebensjahr auch ohne Dressur von selbst sauber wird – nein, die permanent bettnässenden Kinder haben in ihrer Säuglingszeit immer wieder die Erfahrung gemacht, daß es überhaupt nicht hilft, wenn man schreit – daß doch niemand kommt, der das Unbehagen, welcher Art auch immer, beseitigt.

Und diese Kinder haben einen bestimmten Ausweg gewählt, um die wachsende Unruhe und Spannung zu beschwichtigen: sie vollzogen eine Art seelischen Totstellreflex, sie wurden besonders still und besonders tiefe Schläfer. Sie steckten vor einem ihnen ohnehin unerklärbaren Geschehen gewissermaßen den Kopf in den Sand. Und da es kaum etwas Charakterprägenderes gibt als die Erlebniseindrücke eines Kindes in seiner ersten Lebenszeit, so bleibt die Einstellung der Vogel-Strauß-Politik ganz generell bei solchen Menschen erhalten. Aber wenn ihre Seele weiterhin hungrig bleibt oder auch plötzlich zu wenig Anerkennung bekommt, wenn sich ihre Blase also verspannt, geraten sie, besonders nachts, in den gleichen Abwehrmechanismus wie als Säugling, und das Einnässen tritt auf. Weil das so ist, sehen wir das Bettnässerleiden besonders häufig bei Kindern, deren Bezugspersonen einfach nicht genug Zeit oder nicht genug Zuwendungsmöglichkeiten hatten, bei den unerwünschten Kindern, den Heimkindern, den Kindern aus Orgelpfeifenfamilien. Wir sehen es auch bei starkem Zuwendungsverlust, wie dem Tod einer geliebten Pflegeperson oder der Ankunft eines Geschwisters, was eben besonders Kinder häufig nicht als Bereicherung, sondern als Verarmung, nämlich als Liebesverlust der Eltern erleben und mit einer verspannten Blase beantworten.

Aber auch ohne alle diese gravierenden Einschränkungen können Kinder zu Bettnässern werden. Es gibt Kinder, die von ihrer Erbanlage her so sensibel sind, daß sie geringe Einschränkungen bereits als existentielle Frustration erleben und mit einer innerseelischen Spannung und ihrer Abwehrreaktion, dem Tiefschlaf, antworten.

Dennoch können wir in bezug auf Prophylaxe und Therapie etwas aus diesen Erkenntnissen lernen: denn auch die Beziehung des Bettnässerleidens zum Stehlen zeigt uns, daß diese Kinder sich als seelisch Hungrige erleben, daß wir uns als Bezugspersonen fragen müssen: Wo und in welcher Weise leidet unser Kind seelischen Mangel, und wie läßt sich das ausgleichen und nachholen? Da es sich ja häufig dabei keineswegs um Mangelzustände aus der Gegenwart handelt, sondern um solche aus der Vergangenheit, die nur noch nicht beseitigt sind, da die negativen Vorerfahrungen aber bereits häufig in der Säuglingszeit gemacht worden sind, gibt es viele Wege zur Heilung des Bettnässer-leidens, wenn sie nur unter dem Generalnenner: seelische Zuwendung stehen. Günstig wirkt es sich z.B. aus, wenn die Bezugsperson sich vor dem Einschlafen an das Bett des Kindes setzt, ohne daß andere Personen, auch keine anderen Kinder, mit im Raum anwesend sind, und eine gemütliche halbe Stunde mit dem Kind vollzieht. Da kann ein Apfel, eine Banane, eine Apfelsine umständlich genüßlich geschält und gemeinsam Stück für Stück verzehrt werden. Es sollte dabei geplaudert, nicht gefordert, nicht moralisiert werden: Dann könnten Mutter und Kind gemeinsam ein Buch anschauen und partienweise umschichtig lesen (nicht Mutter allein, das verstärkt die sich anbahnende Passivität des Kindes). Es ist auch außerordentlich sinnreich, das Kind für ein trockenes Bett mit einer geliebten, nicht alltäglichen Kleinigkeit zu belohnen und das nasse Bett zu ignorieren. Das Strafen von Bettnässern führt, wie unser prügelnder Vater bewies, lediglich zu Symptomverschiebungen oft schwerer Art, weil das Nässen eben bereits ausdrückt, daß dieses Kind sich existentiell verunsichert fühlt. Durch Prügel wird diese innere Bangnis des Kindes aber nicht gebannt, sondern eher verstärkt!

Es kann auch eine Hilfe sein, den von den Verhaltenstherapeuten entwickelten Weckapparat zu verwenden, der unter der Bezeichnung Stereo-Enurex im Handel ist, da auf diese Weise die zur Gewohnheit gewordene Verdrängung des Weckreizes aufgelöst werden kann. Entscheidend aber ist vor allem, daß wir das bettnässende Kind verstehen, statt es zum Stinktier zu verteufeln. Es ist also in höchstem Maße lohnend, das Kind genau zu beobachten, um die Ursachen herauszufinden, statt sinnlos an seine Einsicht zu appellieren. Mit dem vielen Trinken, mit dem Stehlen, mit dem besonderen Freundlichsein versuchen diese Kinder, ohne es selbst zu wissen, den Mangelzustand in ihrem Inneren zu beschwichtigen. Es ist unsere Aufgabe, als mündige Erwachsene nicht blind und unbewußt Rettungsversuche durchzuprobieren, sondern wir sollten das Symptom hinterfragen, und wenn uns das nicht gelingt, mit Hilfe eines Fachmannes den Hebel zielgerecht an der Stelle ansetzen, an der unser Kind Hilfe braucht.

Eltern wollen abends ausgehen; können sie ihr Kind allein lassen?

„Unser Kind bleibt abends nicht allein. Wir können einfach überhaupt nicht fortgehen. Es macht dann einen Höllenspektakel. Wir sind seit Jahren aus diesem Grunde abends kein einziges Mal mehr ausgegangen. Wir finden das scheußlich: Alle Einladungen müssen wir ablehnen. Wir fühlen uns dadurch in zunehmendem Maße isoliert; ja; neuerdings hängt abends bei uns allzuoft der Haussegen schief: wir zanken uns aus nichtigen Anlässen immer häufiger miteinander, einfach weil wir beide mit dieser Lebensweise und monotonen abendlichen Freizeitgestaltung hinter dem Fernsehschirm unzufrieden sind."

Solche Klagen von Eltern sind in einer psychagogischen Praxis an der Tagesordnung. Die Eltern fragen: „Bitte, sagen Sie uns, woran es liegt, daß unser Kind so ängstlich ist, und wie läßt sich dem abhelfen?" In der Tat kann die Angst des Kindes vor dem abendlichen Alleinsein Eltern viele Jahre tyrannisieren und in ihrer Beweglichkeit beeinträchtigen. Und nur allzuoft erweist es sich in der psychologischen Untersuchung, daß hier eine seelische Verletzung des Kindes vorliegt, die in manchen Fällen mit erzieherischem Geschick hätte vermieden werden können. Die Heilung eines solchen psychischen Traumas nimmt oft lange Zeit in Anspruch – Monate, manchmal auch Jahre; denn auch Psychagogen und Kinderpsychotherapeuten sind keine Hexenmeister. Eingeschliffene Furchtreaktionen und Fehlvorstellungen brauchen Zeit, um wieder gelöscht zu werden.

Hellhörigen Eltern soll deshalb eine Handhabe gegeben werden, solch einer störenden Ängstigung vozubeugen. Danach möchte ich einige der Ursachen der Angst vor dem Alleinsein bei Kindern nennen und versuchen, Hilfen zu ihrer Auflösung zu geben.

Da die Behandlung des Kindes in dieser Frage in den verschiedenen Altersstufen verschieden sein muß, soll sie der Reihe nach besprochen werden.

1. Viele Eltern sind der Meinung, daß sie ihr Baby ohne weiteres allein lassen können. Was kann schon passieren? Die Gashähne sind abgedreht, aus dem Bettchen herauskrabbeln kann es noch nicht – in unseren modernen Wohnungen gibt es weder Petroleumlampen noch sonst offenes Feuer, wilde Tiere, Ratten oder Mäuse. Man hat im allgemeinen die Erfahrung gemacht, daß das Kind ruhig ist und die Nacht zum Schlafen nutzt, wie es sich für einen behaglichen und gesunden Erdenbrüger gehört – wozu also Sorge haben? Ängstliche Eltern bewirken geradezu, daß ihre Kinder ängstlich werden. Dieser Standpunkt enthält zwar ein Körnchen Wahrheit, und dennoch kann er – bedenkenlos praktiziert – der klammernden Tyrannis des Kindes in den späteren Jahren Vorschub leisten. Ich halte aufgrund meiner Praxiserfahrung nichts davon, ein Kind stundenlang schreien zu lassen. Das Schreien des Säuglings ist sein einziges Signal, mit dem es die Bezugspersonen herbeirufen kann. Die richtige Beobachtung, daß Säuglinge still werden, wenn sie immer wieder die Erfahrung machen, daß Schreien gar nichts hilft, kann uns nicht über die Erkenntnis hinwegtrösten, daß Resignation, Passivität, Hoffnungslosigkeit und Angst auf diese Weise als Charakterzüge vorgebahnt werden. Viele Verhaltensstörungen – s. auch den Aufsatz über das Bettnässen – sind häufig eine Folge der fundamentalen Einübung in Hoffnungslosigkeit. Ein Säugling sollte gewiegt werden, wenn er zu schreien beginnt. Das Wiegen bedeutet ihm Geborgenheit, Erinnerung an das Gewiegtwerden durch die Bewegungen seiner Mutter, als er noch ungeboren war.

Es sollte aufgenommen und gewickelt werden, wenn das Wiegen keine Beruhigung und kein Wiedereinschlafen bewirkt. Das Baby braucht also für alle diese Fälle auch nachts unumgänglich einen Betreuer, der in seiner Nähe ist. In den ersten vier Monaten kann das eine fremde Person sein, in den folgenden 1 1/2 Jahren sollte der Betreuer dem Kleinkind vertraut sein, ehe es ihm nachts beim Aufwachen wieder begegnet. Wir unterschätzen in diesem Bereich so leicht die Verletzlichkeit und Beeindruckbarkeit unserer kleinen Kinder. Wir meinen, es müsse jedem freundlichen Babysitter, den wir angeheuert haben, glückstrahlend Vertrauen entgegenbringen. Aber unsere Kinder machen jenseits des ersten halben Jahres einen

Prozeß des Unterscheidens durch: Sie binden sich an die sie betreuende Bezugsperson, sie kennen sie, zu ihr haben sie Vertrauen, den Fremden wird mit Skepsis, mit einem entwicklungspsychologisch notwendigen Mißtrauen, ja mit Angst begegnet. Wir wissen das heute deshalb so genau, weil Forscher wie Spitz, Bowlby, Meyerhofer und Keller aufgezeigt haben, daß der absolute Mutterverlust in der zweiten Hälfte des ersten Lebensjahres und das Ersetztwerden durch eine fremde Person das Kind schwer und radikal depressiv machen kann und allzuoft bleibende Charakterschäden, nämlich einen Hang zu klammernder Angst einerseits und weltablehnender Haltung andererseits, heraufbeschwören kann.

Am besten ist es also, wenn ein junges Elternpaar sich einen „Babysitter" heranzieht, der mit zur vertrauten Umwelt des Kindes gehört, die Großmutter, eine Tante, ein babyfreundliches junges Mädchen aus der Nachbarschaft, eine betreuungsbegabte Nachbarin. Oder auch der immer gleiche studentische Babysitter. Aber man sollte ihn bitten, sich erst ein paarmal am Tage mit dem Baby vertraut zu machen.

2. Keineswegs einfacher, sondern zunächst schwieriger wird die Frage des nächtlichen Alleinlassens der Kinder im Kleinkindalter, jenseits der Zweijährigkeit. In dieser Phase entwikkelt jedes normale Kind mehr oder weniger ein Stück Angst, im Dunkeln allein zu sein. Das hat etwas mit dem Aufkeimen des Bewußtseins zu tun: Das Kind erlebt bewußter die Diskrepanz zwischen seiner noch weitgehend vorhandenen Hilflosigkeit und der „Macht" der Umwelt. Es erlebt in diesem Alter z.B., daß die Erwachsenen nicht nur einfach bergend und lieb, sondern auch einmal böse und – im Vergleich zu ihnen selbst – enorm stark sind. Es erlebt viele Dinge, die es noch nicht versteht, die rätselhaft sind und die es nicht einfach in den Griff bekommt und bewältigen kann: daß es dunkel wird und man im Dunkeln nichts mehr sieht, daß es aus einer Wolke ganz laut donnert, daß es aus einem Kasten im Wohnzimmer laut quäkt, schießt, brüllt, daß etwas am eigenen Leib furchtbar weh tut, der Bauch, der Kopf, ein Knie, ein Finger, usw.

Das auch durch die pädagogisch gewitztesten Eltern noch nicht auflösbare Unvermögen, alle Unheimlichkeiten durch rationale Erklärungen zu beseitigen, fördert die Mythenbildung bei den Kindern. Der böse Zauberer macht den Wolkenbruch, die Hexe hat den Finger eingeklemmt, ein großer, großer Hund hat das Kind auffressen wollen. Das Kleinkindalter ist die Zeit der bilderreichen Ängste – auch wenn die Kinder nie mit Märchen vertraut gemacht worden sind. In diesem Lebensabschnitt zwischen zwei und sieben Jahren im Dunklen in einer Wohnung gänzlich allein gelassen zu werden ist für die meisten Kinder – falls sie nicht schon einen ungesunden Tiefschlaf als Merkmal der Resignation aus der Säuglingszeit mitgebracht haben – eine unzumutbare Überforderung. In dieser Zeit brauchen die Kinder unumgänglich einen Wächter, auf den sie sich verlassen können, der da ist, wenn sie aus einem Angsttraum hochschrecken, ohne zu wissen und zu erkennen, daß sie geträumt haben. Ja, sie brauchen in diesem Alter darüber hinaus häufig noch das matte Lämpchen im Schlafzimmer, das ihnen die Möglichkeit gibt, die vertraute Umwelt nicht aus dem Blick zu verlieren und sich an ihr orientieren zu können. Oft hilft zusätzlich ein Stofftier, das einen beschützenden Charakter hat: der starke Hund, der liebe Löwe oder der große Bär. Freilich ist es in zunehmendem Maße möglich, dem Kind Erklärungen abzugeben. Und das sollte auch unbedingt geschehen. Es sollte bereits einige Tage vorher immer einmal wieder davon gesprochen werden, daß Mutter und Vater an dem einen Abend fortgehen müssen, wobei es von großer Wichtigkeit ist, zu erwähnen, daß sie bald wiederkommen; daß Onkel Peter oder Tante Auguste aber wie üblich kämen und hüteten. Hat die Familie mehrere Kinder, sind die Älteren bereits im Grundschulalter, in der Vorpubertät oder gar älter, so können sie die Verantwortung für die Kleinen im allgemeinen meist schon sehr gut übernehmen. Die „Großen" brauchen dann freilich einen Hinweis darauf, wo sie sich in unvorhersehbarer Not mit den Kleinen Hilfe holen können: „Frau Müller eine Etage tiefer weiß Bescheid und kommt gern, wenn euch etwas ist." Häufig bewährt sich bei unseren modernen Kindern im Grundschulalter auch bereits das Telephon: Die in Großformat an das Telephon angeheftete Nummer, unter der man die Eltern oder einen hilfreichen Nachbarn herbeirufen kann, hat sich schon oft in den letzten Jahren bewährt und viele Kinder davor bewahrt, angesichts eines sich erbrechenden oder nasenblutenden Kleinkindes in Panik zu geraten.

Viele Eltern sagen an dieser Stelle achselzuckend in der Sprechstunde zu mir: „Aber wir haben eben niemanden, der bei unserem Kind hüten könnte. Es gibt bei uns weder bezahlte

Babysitter noch freundliche Nachbarn, Bekannte oder Verwandte." Aber ich habe immer wieder die Erfahrung gemacht, daß das häufig doch nur die Folge eines Verhaltens war, das die menschlichen Beziehungen vernachlässigte. Junge Ehepaare können sich gegenseitig abwechseln. Etwa so: montags und donnerstags ist Ausgehtag bei Ehepaar Müller, Mittwoch und Samstag bei Ehepaar Schmidt. Frau Schmidt hütet bei den Müller-Kindern, wenn deren Eltern „Ausgang" haben, während Vater Schmidt bei den eigenen Kindern bleibt und umgekehrt. Außerdem haben wir sehr viel mehr Chancen, Hilfe zu finden, wenn wir selbst hilfsbereit sind und einen guten Ton und Kontakt mit den Menschen in unserer Umwelt pflegen. Man kann natürlich auch von der alleinstehenden Tante keine Sitterdienste erwarten, wenn man sie sonst behandelt wie ein lästiges Übel und ihr bei jedem Besuch demonstriert, daß man sie als störend empfindet.

Klammernden Ängsten der Kinder bis weit in die Grundschulzeit hinein oder gar über sie hinaus kann man aber am besten dadurch vorbeugen, daß sie in der Kleinkinderzeit so rasch wie möglich zur Selbständigkeit erzogen werden. Je stärker sich ein Kind fühlt, je mehr in ihm die an der Erfahrung gewachsene Vorstellung wächst, daß es doch schon recht groß und stark ist und mit sich und seiner Umwelt zurechtkommt, um so mehr und sicherer wird abendlichen Krisen vorgebeugt. Deshalb ist es von großer Wichtigkeit, daß Kleinkinder am Tage nicht von Müttern und Großmüttern überbehütet werden. Überbehütung führt zu unangemessener Abhängigkeit, führt zum Stagnieren der Entwicklung im Kleinkindstatus. Das aber bewirkt zusätzlich rasante Ängste in den Kindern! Selbständig zu werden ist ein drängender Impuls in ihnen, ist ihr existentielles Problem! Wenn wir diese ihre Entwicklungsaufgabe durch Verwöhnen und Überbehüten verhindern, potenzieren wir die Ängste der Kinder; denn nun bleiben sie bange, weil sie sich hilflos fühlen, und sind darüber hinaus noch in schwerstem Maße geängstigt, weil der verzögerte Reifeschritt mit Recht dumpf als Lebensbedrohung, als ein Verpassen und Verfehlen der Lebensaufgaben gespürt wird.

Kinder können um so sicherer im Grundschulalter am Abend allein gelassen werden, als sie durch die Kleinkinderzeit hindurch dazu erzogen wurden, sich selbst verteidigen zu dürfen. Je mehr ein Kind erlebt, daß es sich gegen Gleichaltrige durchsetzen kann, je mehr es erlebt, daß es einen Weg zum Kaufmann allein finden, sich allein ankleiden, waschen, allein essen und allein spielen kann, um so weniger wird es mit zunehmendem Alter von panischer Angst gepackt werden. Der Beweis von Mut und Kraft sollte übrigens sehr sorgfältig von den Eltern beachtet und mit einem fröhlichen Wort bedacht und belobt werden. „Siehst du, so groß bist du, nun kannst du dir schon allein den Anorak zumachen, fein!“ Und auch wenn das Kind erfolgreich allein geblieben ist, sollte Freude und Stolz über diese „Leistung“ des Kindes zum Ausdruck gebracht werden.

Eine solche Erziehung ist wesentlich sinnvoller, als den Ängsten des Kindes hemmungslos nachzugeben. Vor einigen Tagen wurde mir ein 16jähriger Junge vorgestellt, der noch immer mit seiner Mutter in einem Bett schlief, weil er so ängstlich sei. Er wog 2 Zentner, war von den Großeltern aufgezogen worden, die ihm noch heute die Schuhbänder knüpften und die Brotscheiben in Häppchen schnitten, um sie ihm mundgerechter zu machen. Vom 3. Lebensjahr ab wurde dieses zur Unselbständigkeit verdammte Kind folgerichtigerweise immer ängstlicher und wollte abends nicht mehr allein schlafen. Großeltern und Mutter beantworteten die Angst damit, daß einer von ihnen grundsätzlich mit dem Kleinkind zusammen schlafen ging! Und bis heute hatte sich dieser Zustand nicht ändern lassen und viele weitere Schwierigkeiten des Jungen (Schulschwierigkeiten, Kontaktnot und Eigenbrötlertum) heraufbeschworen.

3. Wenn in dieser Weise während der Kleinkinderzeit eine altersentsprechende Selbständigkeit vorgebahnt ist, kann Kindern im Grundschulalter das Alleingelassenwerden am Abend ohne weiteres zugemutet werden. Nötig ist es, die Angelegenheit mit dem Kind zu besprechen, es über den Ort, an den man sich begibt, zu unterrichten und, wie bereits erwähnt, Hilfsmöglichkeiten in Notsituationen einzuplanen und dem Kind zu vermittlen.

Woran kann es nun aber liegen, wenn sich Kinder noch als 10jährige schreiend an den Rock klammern oder gegen die Tür werfen, wenn die Eltern einmal abends das Haus verlassen wollen?

Solche scheinbar überängstlichen Kinder haben oft in sehr früher Kindheit die Erfahrung gemacht, daß sie unter großer Angst hoffnungslos allein gelassen wurden. Ein Krankenhausaufenthalt im Säuglings- oder Kleinkindalter kann dergleichen ebenso bewirken wie das Sich-Verlassen-Fühlen von der Mutter - weil sie in die Ferien fuhr oder weil sie zur Arbeit ging und das Kind bei einer lieblosen Betreuerin zurückließ. Schlimm wirkt es sich häufig auch aus, wenn ein Kleinkind abends allein gelassen wurde, ohne daß die Eltern etwas darüber sagten. Wacht es auf und beginnt zu rufen, schließlich zu suchen und erlebt, daß die Eltern einfach fort sind, kann sich ein Angstschock einstellen, der erst nach Jahren wieder zu löschen ist. Einmal betreute ich in meiner Praxis ein neunjähriges Kind, das beim Einbrechen der Dunkelheit regelmäßig von zitternder Angst befallen wurde. Die Eltern erzählten, daß sie sich abends einmal fortgestohlen hätten, als das Kind vier Jahre alt gewesen sei. Bei ihrer Rückkehr hätten sie die Wohnung um- und umgewühlt gefunden. Schubladen, Schränke seien geöffnet, alle Decken und Kissen seien aus den Betten gerissen gewesen und zwischen Erbrochenem und tränenüberströmt hätten sie das Kind fest in das Kissen der Mutter gedrückt auf dem Fußboden schlafend gefunden. Von Stund' an hatte dieses Ehepaar niemals wieder das Haus verlassen können. Das Kind schlief überhaupt gar nicht erst ein. Es brauchte die unmittelbare Tuchfühlung mit der Mutter, wenn es zur Ruhe kommen sollte.

Solche Schockerlebnisse lassen sich nur in mühsamer, gezielter Anstrengung allmählich überwinden. Viele kleine Schritte sind dazu nötig – während das unreflektierte hemmungslose Nachgeben die Not nicht löst, sondern das Kind und seine Eltern unter die Tyrannei der Angst stellt.

Ein solches Kind muß am Abend zunächst einmal in Rufnähe der Eltern untergebracht werden, das Lämpchen muß leuchten, die Tür muß einen Spalt offen sein. Lautes Gejammer aus dem Nebenraum muß mit der ruhigen Versicherung beantwortet werden, daß Mutter und Vater da seien. Weitere Konzessionen sind unangebracht, weil sie aus den oben beschriebenen Gründen die Überwindung der Ängste eher blockieren. Am nächsten Tag sollte die Tapferkeit des Kindes gelobt werden, weil es schließlich (wenn auch erst nachts um 11 Uhr) eingeschlafen ist. Das Jammern und verspätete Einschlafen sollte nicht noch einmal erwähnt werden. Wenn dieses Programm nach mehreren Wochen sitzt und ausgehalten wird, sollte man die Person, die das Kind am meisten liebt und vor der es andererseits auch ein wenig Respekt hat, aus dem Umkreis als Sitter auswählen. Auch dieser Sitter sollte in Rufnähe sein, das Schlafenmüssen sollte durch eine Ausnahmebeschäftigung ein wenig hinausgeschoben werden. Bezwungene Angst sollte am nächsten Morgen gelobt und vielleicht auch mit einem kleinen Geschenk bedacht werden. Erhebt sich neuerliches Gezeter, so sollte am nächsten Morgen kommentarlos zur Tagesordnung übergegangen werden. Dennoch sollte das Experiment mit derselben oder einer anderen vertrauten Person binnen kurzem wiederholt werden; denn nur so kann das Kind die Erfahrung machen, daß sich sein furchtbares Erlebnis des Verlassenseins nicht wiederholt, obgleich Mutter und Vater – allerdings jetzt *mit* seinem Wissen – gelegentlich ausgehen. Wenn sich aber trotz aller pfleglichen Maßnahmen über viele Monate hinweg keinerlei Besserung zeigt, ist es angezeigt, das Kind in eine psychotherapeutische Behandlung zu geben, um die anscheinend tiefer liegenden Ursachen aufzuspüren und ihm bei der Überwindung der Angst fachgerecht zu helfen. Eins aber muß besonders gerade den bemühten, besorgten und gewissenhaften Müttern gesagt werden: Wir helfen unseren Kindern nicht, wenn wir ihrer Angst einfach nachgeben. Wir bannen sie dann darin fest, ja wir vergrößern sie.

Eltern haben ein Recht darauf, auch ein Feierabendleben als Ehepaar zu führen. Es hilft unseren Kindern voran, wenn wir dieses Recht behutsam, dem Alter der Kinder angemessen, aber auch ebenso fest wie beharrlich im Auge behalten. Unsere Kinder werden unglückliche Wesen mit aufgeblähten Riesenansprüchen, wenn wir ihnen nicht ebenso liebevoll wie bestimmt die Unumstößlichkeit ihrer Grenzen aufzeigen. Nicht mit den Neugeborenen, nicht von heut auf morgen ist das möglich, aber in zunehmendem Maße mit dem Wachsen ihrer Möglichkeit, sich in dieser Welt zurechtzufinden. Denn nur das wohldosierte Zurücktreten der Eltern öffnet dem Kind den Raum in die Eigengestaltung seines Lebens hinein.

Was erwarten Eltern und Kind, wenn es in die Schule kommt?

Der große Tag ist gekommen: Da steht er, der Peter, mit dem Schulranzen auf den Schultern! Alles ist neu an ihm: nicht nur die Schultasche – auch die Schuhe, der Anzug, die Strümpfe, der Pulli, das Hemd. Und neu sind auch seine Erwartungen an diesen neuen Lebensabschnitt – seine und die seiner Eltern. Nicht bei allen Eltern und Kindern, so lehrt der Umgang mit ihnen in der psychagogischen Praxis, sind diese Erwartungen gleichartig, ja oft sind sie keineswegs wirklichkeitsgerecht. Falsche Einstellungen können aber zu falschen Urteilen, zu Enttäuschungen und Mißerfolgen führen. Der folgende Beitrag möchte versuchen, dem vorzubeugen.

Manche Eltern haben bei ihren Sprößlingen zu hochgespannte Erwartungen in bezug auf deren Schullaufbahn. Sie hoffen, ohne das an der Wirklichkeit nachzuprüfen, daß sich nun bald in Gestalt von Superzensuren und großem Lob der Lehrer zu erweisen beginne, daß ihr Kind ein kleines frühreifes Genie sei.

Das ist besonders in jenen Fällen eine Fehlvorstellung, in denen die Eltern die allgemein große Lernfähigkeit der Kinder in der Kleinkinderzeit als individuelle Sonderhochleistung einschätzen. Jedes normale durchschnittlich begabte Kind hat aber zum Beispiel ein großartiges Gedächtnis, ein viel besseres als die Eltern oder gar die Großeltern, jedes Kind hat eine erstaunliche Nachahmungs- und Auffassungsfähigkeit. Das gehört zur allgemeinen Intelligenzentfaltung und ist keineswegs ein Beweis dafür, daß ein Kind in der Schule eine „einsame Spitzenklasse“ einnehmen wird.

Außerdem: eine leicht unrealistische, ein wenig überhöhte Vorstellung vom Wert des eigenen Nachwuchses gehört zu jedem normalen „Elternwahn“. Neulich wollte mir ein Vater auf einer Säuglingsstation seinen gerade geborenen Sohn demonstrieren und sagte in strahlender Selbstüberschätzung: „Und nun suchen Sie das Kind, das die intelligentesten und ungewöhnlichsten Züge trägt – das ist unser Sohn!“ Das Baby sah de facto aber keineswegs besonders originell aus. Der „Elternwahn“, der zu illusionären Erwartungen auch in bezug auf die Schulerfolge führt, gehört zu den lebensermutigenden Illusionen. Sie bewirken in uns die Vorstellung, daß es sich lohnt, sich für dieses „göttliche“ Kind abzurackern und Opfer zu bringen. Dennoch ist davor zu warnen, diese natürliche Überschätzung zum Größenwahn hochzustilisieren. Ist sie in das Kind infiltriert, so macht sie es nur schwer gemeinschaftsfähig, weil es sich für etwas Besseres hält als die anderen; und die Eltern werden durch abrupte Desillusionen um so mutloser werden, in um so schreckhaftere Enttäuschungen getrieben, die Teufelskreise der Hoffnungslosigkeit bei Eltern und Kindern heraufbeschwören können.

Aber es gibt nicht nur die zu hochgespannte Erwartung der Eltern in bezug auf das Schullernen ihrer Kinder; manche Eltern malen den Teufel an die Wand: Sie befürchten, ohne dafür Kriterien zu besitzen, daß ihre Kinder in der Schule versagen werden, und teilen diese Ängste den Schulanfängern in Worten und Gesten mit. Es bedeutet ungeschickte, ja geradezu gefährliche Pädagogik, wenn eine Mutter oder ein Vater schon beim ersten Verschreiben, beim ersten Mißerfolg in ein lautes Lamento ausbricht nach dem Motto: „Was soll bloß aus dir werden, wenn du gleich *so* anfängst. Ich sehe es schon kommen, aus dir wird nichts werden – am besten, du läßt dich gleich bei der Müllabfuhr anstellen“, oder: „du läßt dich gleich zur Klofrau ausbilden.“ Eltern, die gar noch meinen, auf diese Weise ihren Kindern voranzuhelfen, sind grundsätzlich im Irrtum.

Aber im allgemeinen wird das Herabsetzen und Entmutigen der Kinder im Grunde aus Vertrauenslosigkeit praktiziert; weniger aus Vertrauenslosigkeit gegen das Kind, sondern versteckt und verborgen aus Vertrauenslosigkeit gegen die eigene Intelligenz, aus einem mangelnden Selbstwertgefühl der Erwachsenen heraus. Die heimliche Vorstellung, die meist eine Fehlvorstellung ist, daß man selbst dumm sei und infolgedessen kaum einen intelligenten Nachwuchs haben könne, dieser Selbstzweifel ist die Ursache solcher schädlichen und negativen Übertragungen. Daß hier Angst und eigene Minderwertigkeitsgefühle der Eltern die Ursache der zu geringen Hoffnung sind, zeigt sich besonders deutlich darin, daß die schulischen Mißerfolge wilde Erregungen und unangemessene Zornanfälle bei den Eltern heraufbeschwören: Ohrfeigen, Prügel, zerrissene Hefte sind Signale dafür, daß die Eltern Ängste haben, die sie unangemessen an dem Kind entladen, die Angst, daß die eigene, mühsam überspielte Dummheit in Gestalt der schlechten Schulleistungen der Kinder ans Tageslicht käme. Die nur allzu berechtigte unvollkommene Leistung des Schulanfängers wird von solchen Eltern als persönliche Kränkung erlebt. Oft kommt dieser versteckte Sachverhalt besonders eindrucksvoll dadurch zum Vorschein, daß auch der Ehepartner in die angstvolle und unangemessene Attacke einbezogen wird. „Schau dir doch nur deinen dummen Sohn an", sagen solche Mütter oder Väter in verletzender Absicht zu ihrem Partner, „aber was soll auch schon aus eurer Familie kommen!" Ein solches aggressives Abwehren von „eigener Schuld", ohne daß jemand dazu herausfordert, ist immer das Kennzeichen einer Projektion, eines Abschiebenwollens der eigenen Schuldgefühle auf einen Sündenbock. Dabei kann man in solchen Fällen meistens eine Verstrickung von Fehlvorstellungen feststellen, die wenig Beziehung zur Wirklichkeit hat: In den seltensten Fällen sind gerade die Menschen, die fürchten, daß sie dumm sind, wirklich dumm (nur der Schwachsinnige glaubt, daß er alles kann), und in den seltensten Fällen ist das erste Versagen des Kindes in der Schule ein Beweis dafür, daß es nicht mitkommen wird. Allerdings: die negativen Beeinflussungen durch die Ängste und die Vertrauenslosigkeit ihrer Eltern können auf sensible Kinder verheerende Wirkungen haben und sie so entmutigen, daß die Befürchtungen und Fehlerwartungen – das Schulversagen – nun in der Tat eintreten.

Andere Eltern – die besonders ehrgeizigen sind das – haben zu wenig Vorstellungen davon, daß die Schule ihrem Kind nur in einer anspornenden Weise wird Freude machen können, wenn es dort allmählich selbständiges Arbeiten lernt. Diese Gruppe der Eltern traut sich selbst alles, den Kindern gar nichts zu. Sie nehmen ihnen aus einer falschen Fassadenvorstellung alle schriftlichen Schularbeiten ab – nur damit das Kind einen guten Eindruck machen möge. Diese Eltern müssen ihre Fehlerwartungen meist bitter bezahlen: Die Kinder gewöhnen sich an die übertriebene Hilfsbereitschaft ihrer Eltern, sie lernen es nicht, sich anzustrengen und auch einmal eine Durststrecke auszuhalten, bis der Erfolg eintritt, sie werden zu einer Haltung der Bequemlichkeit und der Riesenerwartungen an die Hilfe der Umwelt fehlerzogen. Das hat sehr bald zur Folge, daß sie in der Schule hinter ihren Kameraden zurückbleiben. Die seelisch-geistige Selbständigkeit solcher Kinder bleibt aus, sie neigen dazu, am Rockzipfel ihrer Mutter hängenzubleiben und anspruchsvoll und nörgelnd ihren Eltern das Leben schwerzumachen – noch, wenn ihre Altersgenossen längst flügge sind und mit selbstsicherem Mut ihren eigenen Weg suchen und finden.

Eine realitätsgerechte Erwartungshaltung der Eltern besteht in einer hellhörigen Offenheit in bezug auf den Weg ihrer Kinder durch die Schule. Sie versucht weder das Kind in eine überhöhte noch in eine zu niedrige vorgeformte Vorstellung zu pressen. Sie erwartet von der Schule nicht mehr und nicht weniger als eine altersentsprechende Förderung von Geist und Seele – aber sie hält die Schule auch nicht für eine Art Nürnberger Trichter. Ob ein Kind in der Schule etwas leistet, hängt gewiß einerseits von der Geschicklichkeit, der Mühewaltung und der Begabung seiner Lehrer ab; es ist aber andererseits ohne eine ermutigende, optimistische, behutsame, bemühte Einstellung der Eltern zu Kindern und Schule nicht zu erreichen. Es hilft den Kindern wenig, wenn man sie zu Hause verwöhnt oder diffamiert und die darauf einsetzenden Mißerfolge allein den Lehrern anlastet und mit den Kindern täglich auf sie schimpft.

Allerdings dürfen die Eltern mit Recht erwarten, daß die Schule es als ihre zentralste Aufgabe ansieht, die ihr anvertrauten Kinder optimal zu fördern. Wenn die Eltern die Erfahrung machen, daß die Schulbediensteten mehr als die Kinder die eigene Karriere im Sinn haben, wenn um deretwillen politisch gängige Neuerungen an den Kindern ausprobiert werden, wenn sichtbar wird, daß die Unmündigkeit der Kinder zu schädlicher Manipulation und Indoktrination mißbraucht wird, sollten die Eltern sich zusammentun und mutig von ihrem Elternrecht Gebrauch machen. Das Grundgesetz unseres demokratischen Staates garantiert eine politisch vorurteilslose Erziehung, garantiert den Versuch zu optimaler Förderung der Interessen und Begabungen. Es gehört zu den berechtigten Erwartungen der Eltern, daß diese Prämisse auch heute noch in unseren Schulen verwirklicht wird.

Freilich kommt es auch immer wieder vor und behindert eine realitätsgerechte Zusammenarbeit von Schule und Elternhaus, daß Eltern die Möglichkeiten der Schule heute überschätzen. Die Förderung einer Schulklasse kann nicht den Erwartungen an einen Privatlehrer, der Einzelunterricht erteilt, gleichgesetzt werden. Eine Klasse von vierzig Schülern ist schwerer zu fördern als eine von zwanzig. Manche verwöhnten, faulen, antriebsarmen Kinder, die in den sechziger Jahren geboren sind, behindern das Fortkommen der wenigen hellwachen und gezielt konzentrationsfähigen. Es ist unberechtigt, den Lehrern Vorwürfe zu machen, weil sie dieses Dilemma nicht bewältigen können. Auch der beste Lehrer ist dem von Jahrgang zu Jahrgang sinkenden Antriebsniveau seiner Schüler schließlich ähnlich wehrlos preisgegeben wie einer übermächtigen Naturkatastrophe. Dieser allgemeinen Not können die Eltern nicht mit Vorwürfen gegen die Klassenlehrer ihrer Kinder begegnen, sondern nur dadurch, daß jeder die Verwöhnung und Reizüberflutung (Fernsehen!) der eigenen Kinder bereits im Kleinkindalter einschränkt und sich selbst Zeit nimmt für Beschäftigungen mit den Kindern, die sie seelisch und geistig fördern. Die Eltern können auch von den überforderten Lehrern in unseren disziplinlosen Massenschulen nicht erwarten, daß das einzelne Kind eine sehr individuelle, seinen besonderen Eigenarten und Wesenheiten entsprechende Förderung erfährt. Es bedeutet egozentrische Fehlerwartung der Eltern, wenn sie meinen, der Lehrer müßte wenigstens *ihr* Kind in den Vordergrund stellen, ihm in seiner Eigenart ganz gerecht werden. Sosehr das auch für einen guten Pädagogen wünschenswert ist, sowenig ist dieser Anspruch in der harten, nervenzermürbenden Schulwirklichkeit heute durchführbar. Eltern, die solche Riesenansprüche aufgeben und statt dessen die Überforderung des heutigen Lehrers realitätsgerecht in Betracht ziehen, werden leichter zu einer echt humanen, einfühlsamen Zusammenarbeit mit den Pädagogen ihrer Kinder kommen.

Wie sehen denn nun aber die Erwartungen unserer Schulanfänger selbst aus?

Wenn sie in einer gesunden und unbefangenen häuslichen Atmosphäre groß geworden sind, werden sie dem neuen großen Lebensschritt mit heiterer Neugier entgegensehen, mit der Lust auf ein unbekanntes Neues, die dem seelisch Gesunden mitgegeben ist. Diese Lust erzeugt einen „Antriebsüberschuß“, der manchen Verdruß am harten Brot der Schularbeiten, manche gähnende Langeweile im Unterricht mittragen kann und Kraft schenkt, auch Durststrecken auszuhalten.

Intelligente Kinder stehen dem Schulanfang meist zwiespältig gegenüber. Sie empfinden beides: die Möglichkeit zur Entfaltung ihrer Intelligenz, die Stärkung bedeutet, wie die Einschränkung ihres Ego-Spielraumes durch die unabdingbare Forderung nach Anpassung an die Gemeinschaft. Lachen und Weinen liegen bei solcher berechtigter Erwartungshaltung nahe beieinander.

Falsch beeinflußte Kinder fürchten und erwarten von der Schule eine dauerhafte Bestrafung all ihrer bereits als „Sünden" erlebten Unbotmäßigkeiten. Das sind die Kinder, denen man bereits einige Jahre vor Schulbeginn angesichts kleiner Rüpeleien ständig gedroht hat: „Warte nur – wenn du erst in die Schule kommst!" Solche Kinder treten der Schule in einer ängstlichen Haltung gegenüber, die sie in einer voreingenommenen Weise verteidigungsbereit und damit unangemessen aggressiv reagieren läßt. Ein solcher Junge, der von seinen älteren Geschwistern unablässig mit Drohungen in bezug auf die Schule traktiert worden war, spuckte zunächst erst einmal jedes Lebewesen, das sich ihm näherte, an, als er sich auf dem Schulhof aufstellen sollte. Die übertriebene Ängstigung hatte ihn zu einer Art Lama gemacht. Aber unsere Kinder erwarten mit Recht auch von der veränderten Lebensweise freieren Umgang mit Gleichaltrigen, zu denen es sie als Sechsjährige geradezu drängt; und sie suchen noch gläubig und voller Vertrauen den Erwachsenen, der ihnen das unbekannte Land erschließt, zu dem sie sich mit dem Schulranzen auf dem Rücken aufgemacht haben.

Wir sollten die Erwartungen der Erstklässler an eine Ich-Du-Beziehung, an *eine* Person, der man sich zugehörig fühlt, beim Gang in das Neuland hinein, nicht unterschätzen. Wir tun unseren Kindern keinen Gefallen, wenn wir diese altersentsprechenden Erwartungen ignorieren und an diese Stelle einen Sachkundeunterricht und Kurssysteme setzen, die eine Mündigkeit und einen Entwicklungsstand voraussetzen, den unsere Kinder noch nicht haben können, wenn sie mit der Schule beginnen.

Erziehen ohne Verbote?

In den letzten Jahren ist die Parole weltweit verbreitet worden, den Kindern durch ihre Erzieher keine Einschränkungen auferlegen, sie ungehemmt wachsen zu lassen, sie nicht zu „frustrieren“; denn Frustration, so plappert man in Deutschland den USA-Pädagogen nach, erzeugt Aggression, läßt durch den bösen Erzieher das Böse im Zögling entstehen.

Nur allzugern lassen sich gerade Frauen, gerade Mütter so etwas erzählen. Schließlich wollen sie leidenschaftlich den Frieden, die Harmonie, vor allem in den eigenen vier Wänden, und erstreben das künftige Glück ihrer Kinder. Je jünger, je bereiter und aufgeschlossener sie für das Neue sind, um so eifriger bemühen sich die Mütter heute um die Erfüllung des neuen Rezepts zum Lebensglück ihrer Kinder. In der Praxis gibt es dann oft viel Enttäuschung. In der letzten Zeit habe ich in Gesprächen mit Eltern viel über Nöte, die auf dem Boden dieser Einstellung entstehen, zu hören bekommen. So erzählte eine Mutter, die zur Erziehungsberatung gekommen war, weil sich ihr Junge zu einem Störer in der Schule und zu einem Tunichtgut zu Hause entwickelt hatte: „Ich bemühe mich doch so sehr um antiautoritäre Erziehung, aber ich habe bei unserem Jungen einfach keinen Erfolg; zum Beispiel: er kommt mittags aus der Schule – als erstes klingelt er Sturm und tritt mit den Füßen gegen die Etagentür, die ist weiß, müssen Sie wissen, und jeder Tritt macht einen Fleck oder sogar einen Schaden. Dann kommt er herein und wirft erst einmal die Schultasche in die Ecke. Ich bin nun zwar schon ärgerlich, aber ich nehme mich doch zusammen. Ich sage mir: nun gut, warum soll er nicht kräftig klingeln. Und was geht's die Nachbarn schließlich an, wie unsere Tür aussieht, und – der Schultasche tut's ja nicht weh, wenn sie in die Ecke fliegt. Ich gehe nun in die Küche, wo ich gerade Früchte zu Marmelade verkoche. Der Junge ist mir vorausgestürmt, er steht am Topf, hat den Löffel hoch herausgehoben und läßt die Marmelade klatschend vom Löffel wieder in den Topf heruntersausen. Es spritzt auf die heißen Herdplatten, auf den Boden, den ich gerade gewischt habe, auf den Pullover des Jungen. Ich denke: Schließlich müssen Kinder ja auch matschen; aber das merke ich nun schon: in mir fängt es einfach an vor Wut zu kochen. Denn nun riecht es nach angebrannter Marmelade, der Junge verlatscht sie auf dem Fußboden und verteilt sie auf seinem Pullover. Ich will aber durchhalten, und deshalb gehe ich auf den Balkon, wo der Anzug meines Mannes hängt, und klopfe den erst einmal ordentlich durch; das nennt man Aggressionsabfuhr, so habe ich gelesen, und es erleichtert mich auch wirklich ganz gut. Ich gehe so richtig befreit wieder zurück. Aber dann sehe ich es, und mit meiner Fassung ist es rettungslos aus: Der Junge hat das Tintenfaß aus der Küchenschublade geholt, und mitten auf der neuen Perserbrücke im Wohnzimmer ist nun ein riesiger Tintenklecks. Nun ist es einfach aus mit mir. Ich nehme den Jungen und versohle ihm den Hintern, ich kann nicht anders. Hinterher sitze ich da und heule; ich bin eben unfähig zur Erziehung. Aber sehen Sie: der Junge legt es doch ganz systematisch darauf an, mich auf die Palme zu bringen."

Dies ist der entscheidende Satz. Es entspricht einer sehr richtigen, oft gemachten Beobachtung der Mütter: Die Kinder provozieren, sie reizen, sie versuchen mit allen Mitteln Mutters Friedenskunststück zu zerstören, sie „betteln Watschen", sagt man in Österreich.

Ist das Rezept also falsch? Müssen wir das Rad wieder ganz zurückdrehen? War die alte Jugenderziehung doch das Bessere, das Richtige? Nun, auf jeden Fall gilt es, aus den Erfahrungen zu lernen. Es ist ein unbestrittenes Ergebnis pädagogischer Forschung, daß Eltern, die täglich ihre Kinder prügeln, mit Peitsche und Stock, wohl zunächst Gehorsam erzwingen können, daß der Preis aber häufig im Erwachsenenalter oder auch schon früher gezahlt werden muß: als Neigung zu Jähzorn, als heimlicher Sadismus oder als neurotische Erkrankung, hier meist einer sogenannten Zwangsneurose, deren Kern darin besteht, durch ritualisierte Handlungen – einen Wasch-, Putz-, Haarausreißzwang oder dergleichen – die gesteigerte Aggression zu beschwichtigen. Aber auch in Form von chronischen körperlichen Leiden, wie zum Beispiel Magengeschwüren, kann die dauernd heruntergewürgte Wut einen schweren Preis fordern. Ja Prügelerziehung hindert Kinder und Jugendliche nicht nur nicht, kriminell zu werden, so kann uns das Forscherehepaar Glueck aus den USA bestätigen, sie fördert eine solche Fehlentwicklung eher.

So weit, so gut. Der Weg zurück zu einem Erziehungsmodell der Vergangenheit ist uns damit verbaut. Aber die jahrzehntelange Erfahrung der Pädagogen in den USA mit der „non frustrating"-Methode weiß schrecklicherweise von höchst ähnlichen Mißerfolgen zu berichten:

Eine der Hauptursachen für überbordende Aggression im Jugendalter bis hinein in die Kriminalität ist eine „alles gewähren lassende", allzu nachgiebige Erziehung im Kleinkindalter.

Ist damit nun nicht erwiesen, daß wir am Ende sind mit unserem Latein und daß das Fazit allenfalls so lauten kann, wie es ein verzweifelter und resignierter Vater neulich ausdrückte: „Wie man's auch macht – es ist verkehrt"?

Und doch fehlt es uns an dieser Stelle nur an Einsicht in die Natur des Menschen und an Wissen über das Wesen und die Aufgabe der Aggression im Entfaltungsprozeß des Menschen.

Aus den negativen Erfahrungen mit der Prügelerziehung läßt sich der Schluß ziehen: Es gibt so etwas wie eine Vermehrung und Stauung der Aggression als *Reaktion* auf die Aggressionen der Erzieher; aber unser modernes Experiment mit dem anderen Extrem, der Erziehung ohne alle Grenzen, hat uns bewiesen: Es ist unzulässig, zu meinen, die Aggression sei allein eine von den Erziehern gemachte Reaktion auf Frustration. Sie ist vielmehr in den Kindern bereits vorhanden, in einem mehr, im anderen weniger, aber sie ist unüberhörbar da und wartet geradezu auf eine Konfrontation mit dem Erzieher. Nimmt der den Fehdehandschuh nicht auf und entzieht er sich dem „Watschen betteln", so kommt es auch ohne unser Tun zu einem gesteigerten Aggressionsdruck. Dies und die Erfahrung, daß es Kinder gibt, die ängstlich, scheu, duckmäuserisch und stubenhockerisch, „aggressionsgehemmt" werden, weil ihre Mütter sie mit vollkommener Zartheit überbehüteten, daß also selbst vor Aggressivität bewahrte Kinder unglückliche, ausgenutzte, verteidigungsunfähige, kümmerliche, aber dennoch versteckt aggressive Erwachsene werden können, hat mich zu der Einsicht gebracht, daß es ein gutes gesundes Maß von Aggressionsbereitschaft in jedem von uns gibt. Sie befähigt uns, uns selbst zu verteidigen, uns lebensfähig zu erhalten. Diese Aufgabe der Ichabgrenzung, der Selbsterhaltung, des Selbständigwerdens wird mit Hilfe des Nein-sagens, mit Hilfe des Trotzes, mit der Aggressionsbetätigung eingeübt und vorbereitet. Dazu braucht ein Kind Erzieher, die bereit sind, auch einmal den Widerpart zu übernehmen, die Grenzen und Verbote setzen. Aus drei Gründen ist ein solches Vorgehen zunächst im Kleinkindalter dem Kind gemäß und seiner seelisch gesunden Entfaltung förderlich:

1. Das unerfahrene Kind, das den Gefahren der Umwelt noch nicht gewachsen ist, erfährt durch ein Unterscheiden zwischen Erlaubtem und Verbotenem eine Möglichkeit der Orientierung, einer Zuordnung, die ihm Geborgenheit und Schutz gibt, die es in einen Zustand von Sicherheit versetzt, den es braucht, um frei zu sein zu neuen geistig-seelischen Wachstumsschritten. Ein Kleinkind *ist* kein vollwüchsiger Demokrat; wenn wir es dazu erziehen wollen, statt es durch Verfrühung zu schädigen, so muß es zunächst an uns und durch uns feste Ordnung kennenlernen. Dabei sollte das Verbotene auf das notwendigste, sparsamste Maß begrenzt bleiben, aber seine Einhaltung konsequent gefordert werden.

2. Das Setzen von Grenzen und Verboten hat bei gesunden Kindern Gebotsübertretungen zur Folge. Das hat einen entwicklungsfördernden Sinn, denn es treibt in die Not der Ablösung von der Behütung durch die Eltern und bereitet auf diese Weise Selbständigwerden vor. Eltern dürfen daher Auseinandersetzungen, ja ein gelegentliches Strafen nicht scheuen. Ein gesundes Maß besteht darin, mit den Kindern keine Machtkämpfe bis zur totalen Unterwerfung durchzuführen, sondern durch ein kurzfristiges Abweisen oder Abtrennen dem Kind deutlich zu machen, daß sein Tun als strafwürdig empfunden wurde. Kleine Kinder brauchen aber nicht nur Eltern, die den Streit nicht scheuen, sie brauchen auch echte Erwachsene, die als erste die Friedenspfeife anzubieten in der Lage sind.

3. Eine vollständig passive Haltung, ein Alles-laufen-Lassen, wird von den Kindern als Gleichgültigkeit mißverstanden und mit einer Steigerung der Aggressivität beantwortet.

Eltern, die mit ihren Kindern die Ablösung von ihnen im Blickpunkt haben, haben also nicht nur das Recht, sondern als verantwortungsbewußte Erzieher die Pflicht, auch Grenzwächter und Widerpart ihrer Kinder zu sein.

Von den Affen lernen

Wenn man in den Zoologischen Gärten die Affengehege beobachtet, vor allem die der Menschenaffen – so ist man nicht allein beeindruckt davon, daß die Tiere in der Art und Weise ihres Benehmens den Menschen einen – zwar primitivverzerrten –, aber doch einen Spiegel vorzuhalten scheinen, sondern man bekommt bei näherem Hinsehen auch die Vorstellung, daß die einzelnen Tiere einer Population sehr unterschiedliche Charakterzüge zeigen und sich oft in einer Weise merkwürdig verhalten, wie man das höchst ähnlich auch bei Kindern mit seelischen Erkrankungen beobachten kann.

Im Zoo zu Basel zum Beispiel sah ich einen kleinen Gibbon mit einem sackähnlichen Tuch durch den Käfig ziehen, das er ängstlich hütete und selten aus den Pfoten ließ. Wenn sich ihm einer seiner Käfigmitbewohner näherte oder wenn ihm sonst irgend etwas nicht geheuer schien, begann er in rhythmischen Abständen seinen Kopf auf dieses Tuch zu schlagen, oft zehn-, zwanzig-, ja dreißigmal hintereinander. Als ihm ein Wärter das Tuch fornahm, geriet das Tier in eine panikartige Unruhe und begann dann, in eine Ecke des Käfigs gedrückt, mit dem Rükken gegen die Wand zu schlagen und sich rhythmisch nach beiden Seiten zu wiegen. Eine solche Jactatio hatte ich in meiner Praxis wenige Tage vorher bei einem 1 1/2jährigen Kind gesehen, das bisher in einem Heim gelebt hatte und nun psychologisch untersucht werden sollte, weil das Jugendamt hoffte, es in einer Pflegestelle unterbringen zu können. Dieses Kind konnte noch nicht laufen. Seine Fingerchen waren fest in ein Moltontuch verkrallt, und die Pflegerin berichtete, daß die kleine Gesine stundenlang schreie, wenn man es ihr wegnähme und dann in ihrem Bettchen so sehr mit dem Kopf rhythmisch gegen die Wand stieße, daß sie das ganze Heim damit störe.

Auch im Untersuchungszimmer schlug das Kind, auf dem Boden sitzend, unablässig mit dem Kopf auf das Tuch, das vor ihm lag.

Solche Verhaltensstörungen bilden Kinder aus, wenn lebensnotwendige Bedürfnisse unbefriedigt bleiben und das Kind ängstigen, so daß nach einer Beschwichtigung der Beunruhigung gesucht und in der rhythmischen Bewegung in der Tat eine Zeitlang teilweise auch gefunden wird. Bei Kleinkindern bildet das weiche Tuch oder das Felltier den Ersatz für die Mutter, wenn diese allzuoft und zu lange abwesend ist, während die rhythmische Stereotypie, die das Kind in einer bestimmten Haltung festbannt, immer bereits in der Säuglingszeit sich einschliff, in einer Lebensphase also, in der die motorischen Möglichkeiten noch nicht voll entfaltet waren. Nachdem wir solche Stereotypien in hohen Prozentsätzen bei jenen Kindern festgestellt hatten, die bereits als Säuglinge in Heimen waren, zeigt sich aber heute, daß das Phänomen auch zunehmend häufiger bei Familienkindern in Erscheinung tritt, und zwar besonders dann, wenn das Kind aus Prinzip oder aus Zeitnot der Mutter wenig von dieser betreut und statt dessen – oft stundenlang schreiend – allein in seinem Bettchen liegengelassen wird. Diese Pflegeart wird in den letzten Jahrzehnten in zunehmendem Maße von immer mehr jungen Müttern praktiziert, wobei die Möglichkeit, das Kind nicht an der Brust, sondern künstlich zu ernähren, zu weiteren Möglichkeiten der Mutter-Kind-Trennung geführt hat; und im gleichen Maß bekam ich in der Praxis immer häufiger Kinder mit angstbeschwichtigenden Verhaltensstörungen wie die Jactatio capitis zu sehen.

Aber vielleicht – so muß man fragen – handelt es sich hier doch nur um eine unberechtigte Vermutung, um die Hypothese einer Kausalität, die in Wirklichkeit gar nicht vorhanden ist? Wenn man darum bemüht ist, solche Probleme abzuklären, drängt sich angesichts eines einzelnen schaukelnden Gibbon in einem Affenkäfig die Frage auf: Was hatte denn dieser kleine Gibbon für ein Schicksal, warum benahm *er* sich anders als seine Käfiggenossen? Die Gefangenschaftssituation allein, die er ja schließlich mit seinen Genossen teilte, hatte ihn doch offensichtlich nicht in die Verhaltensstörung getrieben. Diese Frage konnte nur mit Hilfe seiner Betreuer gelöst werden. Hier ergab sich nun in der Tat eine interessante Übereinstimmung zu dem Schicksal der kleinen Gesine: Im Gegensatz zu seinen

Käfiggenossen, die als erwachsene Tiere gekäfigt worden waren, war dieses Tier als Affenbaby in Gefangenschaft geraten, von seiner Mutter getrennt und isoliert aufgezogen worden. Bereits in dieser ersten Zeit band sich das Tier an das sackähnliche Tuch in seinem Käfig und begann zu schaukeln. Die Betreuer berichten, daß es sehr viel später als die anderen Tiere zu klettern begonnen habe und es auch heute noch seltener tue. Seit es mit anderen Gibbons zusammenlebe, habe sich gezeigt, daß es ein kontaktscheuer Einzelgänger sei, der in Situationen, die ihn ängstigten, weiter seine Selbstbeschwichtigungsrituale durchführe.

Die Pflegeberichte von Heimkindern sehen in gleichförmiger Monotonie ähnlich aus: Auch sie haben erhebliche motorische und geistige Entwicklungsrückstände, meist weit bis in die Schulzeit hinein; auch sie werden von der Gruppe abgelehnt oder ziehen sich selbst von ihr zurück, auch sie brauchen weiter Ersatzbeschwichtigungen gegen das ängstigende, im Grund der Seele hausende Gefühl von Ungeborgenheit und Heimatlosigkeit – wenn ihnen nicht rechtzeitig geholfen wird. Bei Gesine gelang diese Heilung; sie wurde im Alter von einem Jahr und acht Monaten von einer mütterlichen und geistig beweglichen jungen Frau adoptiert, die selbst keine Kinder austragen konnte. Drei Monate nach der Übernahme stellte mir die Mutter das jetzt wesentlich veränderte Kind vor: Gesine hatte in dieser Zeit die Jactatio völlig aufgegeben. Die Mutter berichtete: „Ich beschäftigte mich am Tage in Abständen allein mit ihr. Wir spielten zusammen Ball oder warfen Bautürme um, oder wir machten einfach Fingerspiele und spielten Verstekken. Immer wenn Gesine am Tage angefangen hat zu schaukeln, habe ich mich mit ihr beschäftigt. Als sie mich schon gut kannte, habe ich sie sogar eine Weile nachts in mein Bett genommen. Da hat auch dort das Schaukeln aufgehört.“

Ähnlich berichtete eine Adoptivmutter, die ihr Adoptivkind im Alter von drei Jahren aus dem Heim holte, in dem es bisher gelebt hatte. Sie schreibt: „Sobald man sich von ihr abwandte, fing sie an zu schaukeln, und dies auf eine sehr heftige Art. Dabei nahm ihr Gesicht einen völlig abwesenden, leeren Ausdruck an, daß es zum Erbarmen war. So beschäftigten wir uns so viel wie möglich mit ihr. Das Schaukeln hatte bis zur Weihnachtszeit (im März war das Kind in die Familie übergesiedelt) fast aufgehört. Zu Anfang war es fast ein Dauerzustand bei Katja, er setzte ein, sobald man aufhörte, mit ihr zu sprechen. Nun ist Katja schon 1 1/2 Jahre bei uns, und aus dem ängstlichen, oft weinenden Schaukelkind ist ein fröhliches, liebes Mädel geworden. Am Anfang ihrer Zeit hier hat sie sich kaum für die Umwelt interessiert, heute ist sie sehr wißbegierig."

Aber nicht nur im Hinblick auf die Verhaltensstörung der Jactatio ergaben sich interessante Übereinstimmungen zwischen ähnlichen Fehlhandlungen und ähnlichen Vorgeschichten bei meinen Kinderfällen und den Baseler Affen. Es zeigte sich, daß sich aus dem Verhalten der Affen ziemlich generell Schlüsse ziehen ließen über die Art ihrer Vorgeschichte. Diejenigen Affen, die im Zoo geboren und dort von einer Affenmutter liebevoll angenommen und gepflegt worden waren, unterschieden sich zum Beispiel grundlegend von solchen, die als Babys in der Wildnis von ihren Müttern getrennt und in Gefangenschaft geraten waren. Diese Tiere manipulierten viel stärker an ihrem eigenen Körper, fingerten in den Nasenlöchern, fraßen das Sekret, spielten mit ihrem Kot und beleckten ihn.

Die Beschäftigung mit dem eigenen Leib, ja mit den eigenen Exkrementen kennen wir als typische Verhaltensweise auch bei gestörten Kindern. So hatte zum Beispiel eine kinderreiche, sehr menschenfreundliche Familie einen kleinen Vierjährigen aus dem Heim geholt in der Absicht, ihn zu adoptieren. Dazu kam es aber nicht; denn der Junge brachte die Pflegemutter durch den Umgang mit seinen Exkrementen zur Verzweiflung. Nicht nur, daß Herbert mit Genuß sein Nasensekret erangelte und aufaß, er klebte es auch an Tische, Stühle und Teller, nicht nur, daß er noch einnäßte, er holte den Kot aus der Toilette und bemalte damit die Wände, ja, da das Entsetzen der Pflegeeltern von ihm als Zuwendung verbucht wurde, steigerte er diese Verhaltensstörung, indem er Kothaufen zwischen die saubere, gebügelte Wäsche in den Wäschekorb und Urin in den Verdunstungsbehälter der Heizung absetzte. Als dieses Kind zur Betreuung gebracht wurde, war die Abneigung der Pflegefamilie bereits so groß, daß es nicht mehr möglich war, sie mit der Aufklärung, daß der Junge seine Kontaktnot auf diese Weise beschwichtigte, zu seinem Verbleiben dort und zu einem Heilungsversuch zu bewegen. Entwaffnend erklärte diese einfache Frau: „Ich habe fünf Kinder großgezogen, ohne daß eines von ihnen auch nur annähernd so ein Ferkel war – und ich bin wirklich nicht kleinlich gewesen; aber in diesem Kind muß ja der Teufel stecken!“ Vielleicht hätte eine Beobachtung der nasepopelnden Kaspar-Hauser-Affen im Zoo diese Frau eines Besseren belehren können.

Erstaunliche Parallelen ergeben sich auch beim Vergleichen des Temperaments von Affen und Kindern, die in ihrer frühen Kindheit von ihren Müttern abrupt getrennt wurden. So berichteten mir die Baseler Betreuer von zwei Schimpansen, die im Alter von ca. einem halben Jahr vom Zoo erworben worden waren. Die Mutter der Tiere sei erjagt worden. Diese beiden Schimpansen zeigten sich auch noch jetzt, im Erwachsenenalter, als besonders apathisch, ja sogar sexuell desinteressiert, selbst in der Brunstzeit des Weibchens. Es käme bei diesen Tieren zu keinen Kopulationen.

Das ist eine Erfahrung, die wir außerordentlich häufig bei Menschen machen, die eine ähnliche Vorgeschichte haben. Vor einiger Zeit hatte ich drei Jugendliche psychologisch zu untersuchen, die ihre Eltern durch einen Verkehrsunfall verloren hatten, als der Älteste drei, der zweite zwei und der Jüngste dreiviertel Jahre alt war. Sie waren danach in einem Heim aufgewachsen. Nach leichten Anfangsschwierigkeiten hatten sich die beiden Älteren störungsfrei entwickelt, die Schule abgeschlossen und eine Lehre begonnen, in der sie angemessene Erfolge hatten. Der Jüngste hatte von Anfang an eine Fülle von Schwierigkeiten gemacht. In den Heimberichten wird vor allem immer wieder über die Faulheit, die Unfähigkeit, bettrein zu werden, über die Nachlässigkeit bei den Schularbeiten geklagt. „Meistens sitzt er apathisch herum“, klagten die Pflegerinnen. In der Betreuung ergibt sich dann, daß der Achtzehnjährige auch keinerlei Interesse für das andere Geschlecht zeigt, obgleich er körperlich voll ausgereift ist. Die Kontaktstörung des Jungen, seine frühkindliche Depression ist so erheblich, seine angstverdeckende Gleichgültigkeit und Gelangweiltheit dominiert so sehr, daß libidinöse Regungen bei dieser Stimmungslage nicht zu Geltung kommen können. Neurotische Depressionen dieser Art treten heute immer häufiger auf. Dabei erleben besonders jugendliche Männer ihr sexuelles Desinteresse zusätzlich als deprimierend, da im kollektiven Trend sexuelle Aktivität so enorm hoch bewertet wird. Die Mär, daß Rauschgift die Potenz steigere, ist für manchen dieser Kranken ein letzter Anstoß, es doch einmal mit der Droge zu versuchen. Dabei kann es durchaus einmal passieren, daß die belebende, entlähmende Wirkung zunächst momentan auch eintritt – und der sehnsüchtige Versuch nach Befreiung von der Depression wird dann immer wieder, zunehmend vergeblicher, wiederholt. Vielleicht würden es selbst die depressiven Schimpansen so machen, wenn sie dazu die Möglichkeit hätten; jedenfalls berichteten die Betreuer des Baseler Zoos, daß jenes asexuelle depressive Schimpansenmännchen wegen eines kleinen Geschwürs einmal habe narkotisiert werden müssen; beim Erwachen, noch unter der Wirkung der Droge, sei dieses Männchen sofort, danach aber nie wieder sexuell aktiv geworden. Es zeigt sich also selbst bei den Affen, daß Liebesfähigkeit keineswegs allein eine Angelegenheit der Hormone ist, sondern ihre Voraussetzungen in der frühen Kindheit hat. So wissen die Betreuer im Baseler Zoo auch, daß sie wenig Aussicht haben, daß eine Affenmutter ihr Kind annimmt, wenn sie selbst isoliert aufgezogen worden ist. Bei Affenmädchen mit einer gestörten Kindheit kann das allenfalls gelingen, wenn man sie – gewissermaßen psychotherapeutisch – nachholend das Lieben und den Umgang mit Babys lehrt.

Ein schwieriges Orang-Utan-Mädchen, das im Alter von zwei Jahren in den Zoo kam, begann sich sichtlich zu entfalten, nachdem es einer Orang-Utan-Familie zugesellt worden war. Es lernte Mutterverhalten an dem fremden Kind seiner Ziehmutter, kam normal zur Brunst und entwickelte ein normales Sexualverhalten. Diese gelungene Familienpsychotherapie war die Voraussetzung dazu, daß sie als junge Orang-Mutter ihr eigenes Baby dann wirklich annehmen konnte.

Auch diese Erfahrungen entsprechen denen der Kinderpsychotherapie: Frauen, die selbst ohne Mutterliebe aufwachsen mußten, haben es meist sehr viel schwerer, ihrem Kind instinktiv eine angemessene Zuwendung zukommen zu lassen; auch Mädchen aus Heimen können leichter selbst gute Mütter werden, wenn sie in Pflegefamilien nachholende Liebe empfangen und sich in Liebe einüben können.

Aber wenn wir gekäfigte Affen beobachten, so können wir im Grunde allenfalls das gestörte Verhalten der Tiere mit dem seelisch kranker Menschen vergleichen und aus der Ähnlichkeit der Lebenssituationen, die lebensnotwendige Antriebe behinderten, einiges über die Ursachen von Neurosen der Menschen lernen.

Konsequenzen für die Pädagogik, für einen Umgang mit seelisch gesunden Kindern können wir aber erst ziehen, wenn wir das Leben der Affen in Freiheit, im Urwald beobachten. Es gehört daher zu den Pioniertaten in diesem Forschungsbereich, daß die Engländerin Jane Goodall 1960 aus eigener Initiative – im Grunde mit nichts anderem als ihrem unverbildeten Interesse für die Tiere der Wildnis ausgestattet – zu einer zehnjährigen Freilandstudie im afrikanischen Urwald aufbrach, die dank der Langmut, Zähigkeit und der prächtigen Beobachtungsgabe der jungen Forscherin zu einer Fundgrube der Schimpansenkenntnis geworden ist. Vor allem aber bestätigen eine ganze Reihe ihrer Beobachtungen die pädagogischen Konsequenzen, die ich aus meiner kinderpsychotherapeutischen Arbeit mit seelisch gestörten Kindern und den Ursachen dieser Nöte bereits als Ergebnis meiner Erfahrungen gezogen hatte.

Bevor ich diese interessanten Übereinstimmungen schildere, muß skeptischen Lesern aber wohl noch eine Erklärung darüber abgegeben werden, aus welchem Grunde ich überhaupt ein solches Vergleichen zwischen Menschenkindern und Affenkindern für möglich halte. In meiner praktischen Arbeit hat sich mir zunehmend mehr bestätigt, daß die Vorstellung, in der Einzelentwicklung, der Ontogenese, jeweils eine Wiederholung der Stammesentwicklung, der Phylogenese, zu erkennen, einige Berechtigung hat. In der Tat sind unsere Säuglinge, sehr ähnlich wie die kleinen Affen, hilflose Wesen und genötigt, eine Mutterbrust zu finden und eine Mutter dazu, die sie so lange beschützt, bis sie einen Status hinlänglicher Selbständigkeit erreicht haben. Wie die Affen sind auch unsere jungen Kinder darauf angewiesen, daß die biologisch sehr starr festgelegten Gesetze, die zur Lebens- und Arterhaltung in die kleinen Lebewesen einprogrammiert sind, realisiert werden. Denn wenn das nicht der Fall ist, kommt es eben auch beim Menschen an seinem Lebensanfang zu schweren Charakterverbiegungen, den sogenannten Kernneurosen, Veränderungen, die wie eingebrannt sind in die Seele, so daß sie später nur durch mühsame Korrekturen, mit Hilfe des Bewußtseins, wieder gerade gebogen werden können. Zwar wächst der Mensch im Laufe seiner Kindheit allmählich geistig *weit* über das hinaus, was der tüchtigste Affe erlernen kann, aber in seiner ersten Lebenszeit herrscht auch über den Menschen uneingeschränkt noch die *Natur*. Weil das so ist, ist über „natürliche Erziehung“

eine ganze Menge von den am höchsten entwickelten Tieren, den Affen, zu lernen.

Es spricht für Jane Goodalls intuitive Intelligenz, daß sie, ohne die eben dargelegten Erfahrungen zu kennen, zu den gleichen Einsichten kommt und sie, statt sich an gelehrte Bücher zu halten, unmittelbar auf die Erziehung ihres eigenen Kindes angewandt hat. So schreibt sie:

„1966, als unser eigenes Kind unterwegs war, und ebenso während des folgenden Jahres, als es noch ein winziges Baby war, verbrachte ich mehrere Monate am Gombe. Dieser Umstand brachte es mit sich, daß ich den Umgang der Schimpansenmütter mit ihren Kindern mit anderen Augen sah. Viele ihrer Methoden hatten Hugo und mich von Anfang an beeindruckt, und wir waren entschlossen, einige davon auch bei unserem eigenen Kind anzuwenden. Zum ersten achteten wir darauf, daß es unserem Sohn nie an körperlichem Kontakt und Liebe fehlte, und spielten häufig mit ihm. Ein Jahr lang bekam er – und zwar vorwiegend dann, wenn er es forderte – die Brust. Nie kam es vor, daß wir ihn schreiend in der Wiege liegen ließen. Außerdem ließen wir ihn nie allein, sondern nahmen ihn mit, wohin wir auch gingen, so daß seine Beziehung zu den Eltern stets unverändert blieb, wenn die Umgebung auch oft wechselte. Ich habe zuviel von den Schimpansen gelernt, um auch nur auf die Idee zu kommen, mich für längere Zeit von meinem Sohn zu trennen und an einem anderen Ort zu arbeiten."

Diese wenigen Sätze enthalten einige wesentliche Konsequenzen, die ich anhand der Erfahrung mit depressiven, verwahrlosten und ängstlichen Neurotikern ebenfalls gezogen habe: Ihnen fehlt – meist als schwer wieder löschbarer Zivilisationsschaden – die Urgeborgenheit und damit eine hinreichende psychische Stabilität, so daß sie den Stürmen des Lebens nicht gewachsen sind, ein Mangel an Behütung, der durch das meist ärztlich verordnete Alleinsein der Säuglinge und durch denaturierte Fütterungsweisen heute in gefährlicher Weise auf die Spitze getrieben wird. Im Zuge der Fortschritte der Medizin haben wir unseren Säuglingen zuerst die Nähe der Mutter genommen (indem wir sie in irgendwelchen anderen Räumen isolierten), danach haben wir ihnen die natürliche Milchquelle entzogen, indem die klugen Chemiker Ersatzpräparate erfanden und die Mediziner den Müttern beibrachten, daß sie besser und bequemer seien als Muttermilch, und als letzte Folge hat man den Kleinkindern ihre persönliche Pflege durch die leibliche Mutter geraubt und überläßt sie heute in zunehmend mehr Fällen einmal dieser, einmal jener pflegefreudigen Person oder Institution. Damit haben wir es geschafft, den jungen Kindern auch den letzten Rest der Grundbedingungen zu nehmen, die sie für eine gesunde Entfaltung ihrer Seele und ihres Geistes brauchen, und damit das Faß der Neurotisierungsbedingungen zum Überlaufen gebracht. Das Desaster der Kindergeneration, deren psychische Belastbarkeit enorm abgesunken ist, beginnt daher schon zu uns heraufzubranden und wird – so können wir mit Gewißheit sagen – eine gefährliche Flutwelle in unserer Zukunft werden.

Jane Goodall konnte das an den kleinen Schimpansen im Urwald lernen. Sie erlebte dort, daß die Stabilität und Verläßlichkeit des Charakters der einzelnen heranwachsenden Schimpansen weitgehend davon abhängig ist, wie die Mütter für ihre Kinder sorgen. Sie schreibt:

„Nach allem, was wir bisher wissen, scheint es, daß die meisten in Freiheit lebenden Schimpansenmütter überaus tüchtig sind, was die Aufzucht ihrer Kinder betrifft. Gleichzeitig haben wir erkannt, daß mütterliche Unzulänglichkeiten erhebliche Konsequenzen für die betroffenen Schimpansenkinder haben können."

Diese Unzulänglichkeiten, die Jane Goodall beobachtete, bezogen sich zum Beispiel darauf, daß in einigen seltenen Fällen die Mütter ihre Kinder nicht pfleglich genug behandelten.

Im allgemeinen trägt eine Affenmutter ihr Kind in den ersten Monaten an ihrem Bauch, später auf ihrem Rücken. Sie läßt es im ersten Jahr seiner Kindheit saugen, wann immer es will. In einigen Fällen aber waren die Mütter gleichgültig gegen ihre Kinder, sie halfen ihnen nicht, auf den Rücken zu klettern, und ließen sie plötzlich einmal irgendwo zurück, um eigensüchtigen Impulsen nachzugehen, die bei guten Affenmüttern im Interesse für das Kind geopfert werden. Man kann sich gut vorstellen, daß es auf diese Weise sogar auch im Urwald in der freien Affenpopulation zu einer Generationsneurose kommt, wie wir sie auch nicht selten bei Menschen sehen; denn wenn Mütter ihren Töchtern unzureichende Sorge und Pflege zuteil werden lassen, sind diese erfahrungsgemäß sehr viel mühsamer in der Lage, selbst gute Mütter zu sein.

Jane Goodall hat darüber hinaus festgestellt, daß die

Schimpansenjungen bis zu ihrem vierten Lebensjahr unumgänglich die fortwährende Anwesenheit der Mutter brauchen. Stirbt die Mutter in dieser Zeit, so setzt ein seelisch-geistiger und schließlich auch ein körperlicher Verfall des Affenkindes ein, der meistens mit dem Tod endet, selbst dann, wenn die älteren Geschwister anstelle der Mutter die Pflege des Affenbabys übernehmen. So beschreibt Jane Goodall zum Beispiel den dreijährigen Merlin nach dem Tod seiner Mutter folgendermaßen:

„Inzwischen war er so sehr abgemagert, daß man sämtliche Knochen sehen konnte. Seine Haare waren nicht nur stumpf, er hatte sich beim Lausen nach und nach so viele davon ausgezogen, daß sich an Armen und Beinen große kahle Stellen gebildet hatten. Während die anderen jungen Schimpansen spielten, lag er oft ausgestreckt auf dem Boden, als ob er ständig erschöpft sei. Außerdem war er eindeutig kleiner als Flint, der immerhin mehr als ein Jahr jünger war als er."

In solchen Erscheinungen sind die Anzeichen, die Kleinkinder nach dem totalen Verlust ihrer Mutter zeigen und die Spitz als anaklitische Depression bezeichnet hat, in verblüffender Übereinstimmung wiederzuerkennen.

Am aufschlußreichsten unter den Beobachtungen Jane Goodalls ist die Geschichte über das Affenkind Flint, das im Gegensatz zu den älteren Geschwistern einen fatal unausgeglichenen Charakter entwickelte. Seine Mutter Flo war der Forscherin ein besonders gutes Beobachtungsobjekt; denn sie hatte nicht nur eine besonders hohe sexuelle Anziehungskraft für die Männchen, wenn sie brünstig war, sie war, wenn sie etwa im Abstand von vier Jahren ein Junges warf, eine besonders geschickte und sorgsame Mutter. Allein diese Fähigkeit schwand, als Flo trotz hohen Alters noch weitere Kinder bekam. Besonders der Spätling Flint entwickelte einen jähzornigen und rücksichtslosen Charakter, und zwar, wie Jane Goodall meint, als Folge der kraftlosen Nachgiebigkeit seiner Mutter. Sie schreibt:

„Die Erklärung für Flints verlängerte Kindheit war das hohe Alter Flos. Sie hatte einfach nicht mehr die Kraft, ihr etwas ungebärdiges Kind im Zaume zu halten. Denn Tatsache ist, daß sie immerhin versucht hatte, ihn zu entwöhnen, als er drei Jahre alt war. Flint jedoch hatte sich von Anfang an hartnäckig gezeigt, wenn es darum ging, an Flos Brust zu gelangen. Wenn

Flo seinen sanften Stößen und seinem Gewimmer nicht sofort nachgab, hatte Flint jedesmal einen wilden Koller bekommen, hatte sich auf die Erde geworfen, die Arme wie Dreschflegel durch die Luft sausen lassen und war schreiend den Hang hinuntergerast, bis Flo, nachdem sie ihm einen Augenblick nachgeschaut hatte, hinter ihrem Sohn hergelaufen war, um ihn zu beruhigen und zu säugen. Als Flint älter wurde, gewöhnte er sich an, nach seiner Mutter zu schlagen und zu beißen, wenn sie ihm die Brust verweigerte. Manchmal kam es vor, daß sie zur Strafe zurückbiß und schlug, ihn aber gleichzeitig an sich drückte, als ob sie ihn beruhigen wollte. Nach solchen Szenen gab sie schließlich stets ihren Widerstand auf und erlaubte ihm zu trinken.

Was war falsch an Flints Erziehung? War er als kleines Kind durch zuviel Aufmerksamkeit von seiten seiner Mutter, seiner Schwester und seiner beiden großen Brüder ‚verwöhnt' worden? Mit einer so fest zusammenhaltenden Familie im Rücken konnte er fast immer seinen Willen durchsetzen gegenüber Tieren, die nicht zur Familie gehörten. Hatte Flo versäumt, ihren Sohn rechtzeitig zu entwöhnen, weil sie zu alt war, um mit Flints Wutanfällen fertig zu werden, zu denen es jedesmal kam, wenn sie nicht sofort bereit war, ihn an ihrer Brust trinken zu lassen? Tatsache ist, daß Flint sich noch heute, als halberwachsener Schimpanse, ganz und gar ungewöhnlich verhält. Wird er mit zunehmendem Alter nach und nach seine Eigenarten ablegen, oder wird er als erwachsenes Männchen immer noch Spuren seines kindlichen Verhaltens zeigen?"

Nun, die Wahrscheinlichkeit, daß Flint auch als erwachsener Affenmann den Pascha spielen wird, ist außerordentlich groß; jedenfalls beobachten wir, daß Menschenkinder, die durch übergroße Nachgiebigkeit „verwöhnt" wurden, meistens an einer Hypertrophie des Aggressionstriebes leiden. Fehlen ihnen in der „Trotzphase" Eltern, die „nein" sagen können, die ihnen Widerpart sind und bei ihren Verboten konsequent bleiben, so mißlingt häufig, wie bei Flint, die erste Ablösungsphase. Die aggressive Energie findet nicht das Betätigungsfeld, für das sie eigentlich vorhanden ist: um Ablösung voranzutreiben. Statt dessen bleibt die Neigung zu diffuser gesteigerter Aggression gegen alles und jedes wie im Leerlauf erhalten, so daß solche Männer im Erwachsenenalter in ihren Jähzornanfällen immer noch wie kleine ungebärdige Kinder in Trotzanfällen wirken.

Diese Geschichte bestätigt aber nicht nur die altbekannte Gegebenheit, daß auch Menschenmütter jenseits der Vierzigjährigkeit dazu neigen, ihre Nachkömmlinge zu „*ver*ziehen", wie die Sprache so schön sagt, sie warnt uns auch davor, die Enkelkinder bedenkenlos einer Großmuttererziehung zu überlassen, wie es in immer mehr Familien in Westdeutschland im letzten Jahrzehnt geschehen ist, nachdem immer mehr junge Mütter in ihren Berufen geblieben waren. Die Gefahr, auf diese Weise lauter Flints heranzuziehen, die jede Frustration mit einem Wutanfall beantworten, eben weil sie infantil nach Sofortbefriedigung heischen, ist außerordentlich groß. Jane Goodall bestätigt vor allem, daß es kein starres pädagogisches Prinzip geben kann; selbst bei den Affen gibt es das nicht. Mutter und Kind sind in ein sich miteinander verwandelndes Gefüge eingespannt, und die Verhaltensweisen ergeben sich spontan aus der Entwicklungssituation, in der sich beide jeweils befinden.

Diese Beobachtungen zeigen uns, daß wir über gesunde und krankhafte Antriebsentwicklung eine ganze Menge schon von den Affen lernen können; aber daß wir das können, läßt uns ebenso deutlich werden, daß wir anderes und mehr sind als sie.

Wie wahr lebt der Mensch in seinen Rollen?

Eine Schauspielerin sucht mich wegen der Erziehungsschwierigkeiten mit ihrem Sohn auf; aber bald beginnt sie von ihren eigenen Lebensproblemen zu sprechen, die im Grunde in der Tat den Hintergrund bilden für das gestörte Verhalten des Jungen. Sie sagt: „Ich werde meinen geliebten Beruf aufgeben müssen, denn er macht mich gleichzeitig krank. Meistens spiele ich in den Filmen und Theaterstücken die Rolle der heiter-unkomplizierten Dienerin oder der impulsiven naiv-spontanen Liebhaberin; die Leute kennen mich vornehmlich in dieser Rolle, ja sie erwarten geradezu von mir, daß ich mich im Privatleben in der Weise verhalte wie auf der Bühne. Ich bin aber im Grunde ganz anders, schwerblütig, oft geradezu schüchtern, ohne männlichen Beschützer hilflos, keineswegs souverän-keck, viel eher gedrückt von Leistungsangst und dem Bedürfnis, alles sehr gut zu machen. Aber da klemme ich nun in dieser Rolle und in dieser Rollenerwartung. Manchmal spiele ich sie in der Tat dann auch noch im Privatleben brav weiter – bei Staatsempfängen und manchem öffentlichen Hokuspokus, ja oft wird sie mir so zur Gewohnheit, daß ich sie gar in mein Familienleben hineintrage. Aber ich selbst – und sicher auch mein Junge – erlebe mich dabei in zunehmendem Maße und in einer unerträglichen Weise als unwahrhaftig, als unecht. Ich habe Sehnsucht, endlich wieder wahr, endlich nur ich selbst zu sein."

Bedrängende Sehnsüchte dieser Art kennen nicht nur Schauspielerinnen, obgleich Konflikte zwischen dem Ich und der Rolle hier besonders häufig auftauchen; aber die Frage, wie wahr lebe ich in meiner Rolle und wie werde ich mit meiner Scheinwirklichkeit fertig, die mir durch das Tragen einer bestimmten Rolle aufgenötigt wird, bewegt heute viele Menschen, in denen das Bedürfnis nach einer inneren Wahrhaftigkeit noch lebendig ist.

Können tiefenpsychologische Erfahrungen etwas in bezug auf die Lösung solcher Probleme aussagen? Zunächst müssen wir uns klarmachen: Eine „Rolle zu spielen" ist nicht einfach ein zweifelhaftes oder gar verwerfliches Verhalten. Es gibt „natürliche" Rollen, in die wir, ob wir es wollen oder nicht, hineingeboren werden: die Rolle männlichen, die Rolle weiblichen Geschlechts zu sein, die daraus resultierende Rolle, entweder nur Vater oder nur Mutter, nur Sohn oder Tochter, Bruder oder Schwester, Großvater oder nur Großmutter werden zu können. Die natürlichen Rollen können wir nicht einfach verleugnen. Ich habe in der Praxis viele Erfahrungen darüber sammeln können, daß der Mensch seelisch schwer erkrankt, wenn er sich, aus welchen Gründen auch immer, anmaßt, das zu versuchen. Wir können mit unseren natürlichen Rollen nur zu leben versuchen, ohne uns gleichzeitig total und verabsolutierend mit dieser einen Rolle zu identifizieren. Über die Einstellung zur Geschlechtsrolle ist in unserer Zeit viel Verwirrung entstanden, und deshalb soll darauf noch etwas konkreter eingegangen werden.

Es ist den Menschen heute ins Bewußtsein gedrungen, daß in der Vergangenheit unseres Kulturkreises die natürliche Geschlechtsrollenfunktion in einer übertreibenden Weise zu einem Rollenzwang übersteigert worden ist. Der Junge, der Mann hatten mutig, tapfer, stark, angstlos und machtvoll zu sein, das Mädchen, die Frau hatten ängstlich, scheu, hilfsbedürftig, zart und anschmiegsam aufzutreten. Die natürlichen Aufgaben, die unterschiedlichen Begabungen von Mann und Frau wurden einseitig bis zur Unwahrhaftigkeit verstärkt und übersteigert. Auf diese Weise kam es zu starren Rollenklischees, zu einer Identifizierung der Menschen mit einer ihnen aufgedrückten Maske, die zerbrechen mußte, als nach dem Zweiten Weltkrieg das große Einreißen der starren, leeren Fassaden begann; diese Übertreibungen hatten durch ihre innere Hohlheit, ihre Unwahrhaftigkeit ihr Lebensrecht, ein Fortführen des Erziehens zum prinzipientreuen Schema verwirkt. Die Jüngeren empfanden das dumpf – leider oft ohne Klarheit des Bewußtseins – rascher als die ältere Generation und machten sich mit der Radikalität und Brutalität ihrer Jahre daran, das Unechte der allzugut gelernten Rollen zu entlarven. Entlarvt wurde hinter der starren Scheinmoral und Scheinautorität die Schwäche der Väter, entlarvt wurde unter der gluckenhaften Fürsorglichkeit der Mütter, der Unterwürfigkeit der Ehefrauen ihre so häufig vorhandene heimliche und gänzlich unbewußt praktizierte Machtausübung. Dieser „Reinigungsprozeß" führte im Eifer des Gefechts leider allzuoft in das andere Extrem der Übertreibung: Die tüchtige Frau hatte zu zeigen, daß sie im Beruf, in Politik und Wirtschaft ihren „Mann zu stehen" in der Lage sei, sie hatte zu beweisen – und bewies es –, zu wie vielen intelligenten Dressuren man sie abrichten kann. Noch etwas linkisch, aber nicht minder eifrig versuchen die jungen Männer heute zu beweisen, daß sie begabt sind für das Geschäft der Brut- und Nestpflege, ja oft werden geradezu hektisch und mit demonstrativem Eifer die Rollen total vertauscht, so daß man den Eindruck hat: Wenn sie nur könnten, hätten junge Männer auch das Austragen, Gebären und Stillen der Kinder zu übernehmen! Aus der Unwahrhaftigkeit erstarrter Rollenklischees ist durch blinden Eifer die Unwahrhaftigkeit des Rollentausches geworden. Wie unwahr das ist und wie sehr wir genötigt sind, heute nach der Wahrheit von Wegen der Mitte und des rechten Maßes zu suchen, geht erstens daraus hervor, daß der absolute Rollentausch den Kindern solcher extremistischen Ehepaare bedenklich schlecht bekommt, und zweitens, daß die Exerzierer solcher Übersteigerungen, sind sie nur durchhaltend genug, so etwas wie einen Substanzverlust, eine unvorteilhafte Wesensveränderung erleiden, die sie oft unglücklich und übellaunig macht, ohne daß sie wissen, woran das liegt. Der Typ der spitzigen, dürren, supereleganten, hochhackig-kantigen, supertüchtigen, superkalten und supersachlichen Dame ist dafür ebenso Modell wie der des breit-dicklich zerflossenen, schwitzig-gemütlich-bequemen, genüßlichen Herrn mit der Küchenschürze vor dem Schmerbauch. In bezug auf die seelische Entfaltung der Kinder aber wirkt sich dieses Rollenchaos oft negativ aus, weil es sie in einem fundamentalen Bereich verunsichert und damit orientierungslos macht. Kinder brauchen unter den Bezugspersonen jeweils *ein* Vorbild, das es ihnen möglich macht, in die Funktion der angeborenen Geschlechtsrolle als Mann oder als Frau hineinzuwachsen. Sie suchen dieses Vorbild normalerweise im gleichgeschlechtlichen Elternteil und beginnen etwa vom vierten bis fünften Lebensjahr ab diesen intensiv nachzuahmen. Weicht das Vor-Bild von den Möglichkeiten und Grenzen der angeborenen Geschlechtsrolle zu weitgehend ab, so kommt es – völlig unbewußt – zu inneren Spannungen und Konflikten, die sich im Verhalten der Kinder als Unruhe und Schulversagen äußern.

Daß es eine innere Wahrhaftigkeit der Rollenfunktion gibt, die wir nicht ungestraft manipulieren können, läßt sich durch eine Fülle von Beispielen aus der Praxis belegen. Eines mag für viele stehen:

Eine junge Frau zieht zu ihrem verwitweten Vater, nachdem sie ein uneheliches Kind zur Welt gebracht hat. Es besteht keinerlei Haß auf den Jungen; er ist ein Wunschkind und auch dem Großvater als einziger Enkel höchst willkommen. Die Mutter bleibt ganztägig im Beruf, der Rentner-Großvater übernimmt total mit allen Pflichten die Hausarbeit und die Pflege und Erziehung des Enkels in unendlicher Fürsorglichkeit. „Er macht das alles besser als die vollkommenste Hausfrau und Mutter", sagt seine Tochter. Nur entstanden durch diese ebenso praktische wie naheliegende Lösung doch große Schwierigkeiten für den Sohn. Er übernahm von seinem Großvater kein männliches, sondern ein weibliches Rollen-Vorbild. Nicht nur, daß Kochen und Saubermachen eigentlich das einzige war, was ihm Spaß machte – er war von einer hektischen Unsicherheit, von einer Geltungssucht, die ihm die Ablehnung seiner Kameraden einbrachte und seine orientierungslose Ich-Schwäche verstärkte. Er versagte in der Schule, hatte mit fünfzehn Jahren so weiche, weibliche Züge, daß die Gleichaltrigen ihn höhnisch „Tante Frieda" nannten, und geriet mit sechzehn Jahren in die Hand eines erwachsenen Homosexuellen, der leichtes Spiel mit seinen Verführungskünsten hatte. Das häusliche Rollenchaos hatte für diesen Jungen bedenklich falsche Weichen gestellt.

Erfahrungen dieser Art, deren Aufzählung sich beliebig verlängern ließe, bestätigen aber vor allem, daß wir als Menschen keine totalen Machtbefugnisse haben, daß sich in bezug auf unsere Rollen die Weisheit Goethes bewahrheitet: „So mußt du sein, dir kannst du nicht entfliehen." Ich will damit sagen: In der angeborenen Geschlechtsrolle Wahrhaftigkeit zu leben bedeutet, daß wir nicht künstlich manipulieren dürfen, was in dieser Hinsicht bereits in den Spielinhalten der kleinen Kinder zum Ausdruck kommt: das Einüben in die besonderen und verschiedenartigen Funktionen als Mann oder als Frau. Männer sind zum Beispiel bereits als kleine Jungen begabter in Handfertigkeiten der Grobmotorik, Frauen in der der Feinmotorik,

Jungen haben viel mehr Spaß an aggressiven und expansiven Spielen, Mädchen mehr an Spielen, in denen gehegt, gepflegt und schöngemacht wird. Das zeigt sich in sehr frühem Alter, längst vor der Vorbildphase der Fünfjährigkeit und läßt sich mühelos jederzeit beweisen, wenn man Kinder verschiedenen Geschlechts mit unausgelesenem Spielmaterial konfrontiert, wie Psychagogen es in der Praxis verwenden.

Auf die Entfaltung der angeborenen Geschlechtsrolle legt die Natur anscheinend großen Wert, weil ohne sie die Erhaltung der Art gefährdet ist; deswegen bekommen die unbewußten Konflikte, wenn hier Menschen allzusehr gegen die „Vorschrift“ agieren, ein so dramatisches Gewicht. Die Verhaltensstörungen signalisieren existentielle Gefahr. Freilich vermittelt uns die Übersteigerung des Rollenklischees auch die Erkenntnis, daß die Verabsolutierung der Rolle ebenfalls nicht mit Rollenwahrhaftigkeit gleichzusetzen ist. Diese setzt erst dort ein, wo wir uns als mündige, erwachsene Menschen der Notwendigkeit, Berechtigung und des Sinnes der Rollenfunktion bewußt werden, sie bejahend annehmen und verwirklichen, darüber hinaus aber auch offenbleiben für andere Bereiche in uns, indem wir geschlechtsunspezifischen Begabungen, Interessen und Charakterzügen allmählich zur Verwirklichung verhelfen. Wir Menschen sind offenbar weder als Heringsschwarm noch als Säugetierherde gedacht; wir tragen zwar die Rollen des „Typischen“, aber wir sind darüber hinaus auch das absolut unverwechselbare Individuum, für das jede Rolle zu klein ist. Wahrhaftig können wir nur in unseren Rollen leben, wenn wir sie in bewußtem Gehorsam als einen *Teil* von uns selbst tragen und sie nicht für das Ganze nehmen. Denn dann geraten wir in die Gefahr, unsere eigentliche Identität zu verlieren.

Rollen können nicht nur angeborener Auftrag, wie die Geschlechtsrolle, nicht nur Teil der Verwirklichung eines Lebensauftrages, einer Begabung, wie die Berufsrolle, sein; jeder spielt darüber hinaus eine Rolle vor der Umwelt, ob ihm das bewußt ist oder nicht. Diese Maske – C. G. Jung hat sie als „Persona“ bezeichnet – wächst uns mit unserer Individualisierung als ein Schutzwerkzeug zu, das verhindert, daß das Verletzliche in uns, unsere geheimsten Gefühle durch die Konfrontation mit der rauhen Außenwelt zerstört werden. „Sagt es niemand, nur den Weisen, weil die Menge gleich verhöhnet“, sagt Goethe mit Recht von den verborgenen inneren Wahrheiten des Menschen. Wir sollten diese Möglichkeit zur Maskierung dankbar annehmen, denn sie bedeutet Schonung für die Umwelt, Schutz für uns. Sie ist um so weniger Unwahrhaftigkeit, je weniger wir uns mit ihr absolut identifizieren, je mehr wir sie flexibel handhaben, je nachdem, wie es der äußeren Situation angemessen ist. Es bedeutet Vertrauen, Vertrautheit und damit Geschenk an einen Partner, wenn wir uns ihm ohne Maske zu erkennen geben. Es kann bewußte Verantwortung und Schonung sein, wenn man einem Unmündigen, einem Kranken in einer Rolle gegenübertritt, die ihm besser bekommt und angemessener ist als ein Konfrontiertwerden mit der ganzen inneren Wahrheit eines Gegenübers. Allerdings: man kann auch aus Feigheit, Machtanspruch, Herrschsucht oder Vertrauensverweigerung eine manipulierende Rolle spielen, die bewußt böse Täuschung bedeutet. Aber selten zahlt sich ein solches unwahrhaftiges, egoistisches Verstecken aus. Der Mißbrauch mit der Rolle führt zu einem Erstarren in ihr, so daß die innere Unwahrhaftigkeit selbst dem Unbefangenen sichtbar wird, die erhoffte Wirkung auf lange Sicht ausbleibt und in Erfolglosigkeit umschlägt.

Die Rolle darf unser Schutz sein. Es steht uns zu, uns eine Maske aufzubauen, die den Gepflogenheiten der Außenwelt gerecht wird, die rücksichtsvolle Anpassung an die Spielregeln der Gemeinschaft ist. Aber nur der Selbstverliebte, der ichschwache Narzißt, identifiziert sich mit seiner Rolle, die er sich vor der Außenwelt zu spielen genötigt sieht, weil er berauscht ist vom Erfolg seiner schönen Maske. Dieser Rausch muß bitter bezahlt werden: nämlich mit dem Unecht- und Unwahrhaftigwerden der ganzen Person. Absolute Identifikation mit der Rolle führt zur Auflösung der personalen Substanz. Entreißt man einem solchen Menschen seine oft elegante Maske, so wird seine innere Leere offenbar. Nur wenn wir den Mut haben, vor uns selbst zu uns selbst zu stehen, bleibt die Rolle notwendige Teilaufgabe, ohne uns in unserer Substanz, in unserer inneren Wahrhaftigkeit zu gefährden.

Reifung und Konsum

Das Schlaraffenland unseres Wohlstandes hat uns in eine Situation versetzt, auf die wir in den vorangegangenen harten, entbehrungsreichen Jahren kaum hinreichend vorbereitet worden waren; nämlich in die Konfrontation mit der Frage: Können, ja dürfen wir das alles gebrauchen und verbrauchen, was sich uns bietet, hat diese neue herrliche Fülle an Kaufbarem gar eine Teufelsklaue, und müssen wir vielleicht sehr wachsam Maßstäbe, Kriterien darüber entwickeln, was und wie wir auszuwählen haben, damit uns der Wohlstand auch wirklich zum Segen gereicht?

In den ersten Jahren des Wirtschaftswunderrausches haben sich gewiß nur wenige Menschen solche nachdenklichen Fragen gestellt. Zunächst griffen wir zu, sobald wir das Geld erarbeitet hatten für diese köstlichen Dinge, die auf dem Markt erschienen: Welche Erleichterungen für uns Hausfrauen brachten Waschmaschine, Ölheizung, Staubsauger und Geschirrspülmaschine, wie unentbehrlich wurden uns schon bald Auto und Kühlschrank, wie gern griffen wir zu den präparierten Nahrungsmitteln und zur praktischen Konfektionskleidung.

Erst nach Jahren wurden uns die Schattenseiten der neuen Segnungen erkennbar. Im einzelnen und kleinen wurde das daran sichtbar, daß wir die Zeit, die wir durch arbeitssparende Gegenstände erwarben, beim Kaufen der neuen, verbesserten Gegenstände wieder einbüßten, daß das Verwalten, Betreuen und Ordnen unserer Besitztümer eine große Menge unserer Gedanken und Handlungen in Anspruch nahm, daß unsere erweiterten Möglichkeiten (besonders durch das so rasche Beförderungsmittel Auto) uns zu neuer Hetze, neuem Zeitmangel führten. Darüber hinaus aber werden uns neuerdings durch das Inanspruchnehmen all der neuen Segnungen von jedermann sogar beängstigende Gefahren bewußt: Luft- und

Wasserverschmutzung und viele neue Leiden (Unfallfolgen, Herzerkrankungen als Folge eines relativ bewegungsarmen Tageslaufes) machen die Nachteile unseres unbekümmerten Konsumierens deutlich und zwingen uns zu einer kritischen Neubesinnung.

Am alarmierendsten erscheint aber die sich von Jahrgang zu Jahrgang stärker herauskristallisierende Erkenntnis, daß der Wohlstand in einem besonderen Maße für Kinder und Jugendliche gefährlich zu sein scheint. Jedenfalls zeichnet es sich immer deutlicher ab, daß sich Unausgeglichenheiten, Diskrepanzen in bezug auf die Reifung der jungen Menschen zeigen, die zu der veränderten Lebensweise dieser Generation unverkennbar eine Beziehung haben. Zunächst müssen wir in diesem Zusammenhang das Phänomen zur Kenntnis nehmen, daß die geschlechtliche Reife bei immer mehr Kindern um ein, zwei, ja drei Jahre früher eintritt als in der Generation der Eltern. Die Ursachen dieser Gegebenheit liegen noch nicht mit letzter wissenschaftlicher Eindeutigkeit fest; dennoch können die Untersucher bereits nachweisen, daß der erhöhte Lebensstandard, die umfangreichere Ernährung, die stärkere Reizeinwirkung durch künstliche Helligkeit, künstliche Wärme (eben auch im Winter) an dieser körperlichen Reifebeschleunigung maßgeblich beteiligt sind. Diese Veränderung wäre durchaus begrüßenswert, wenn sich eine parallellaufende Beschleunigung der seelisch-geistigen Reifung abzeichnen würde; aber – und das scheint mir Anlaß zur berechtigten Sorge der Verantwortlichen zu sein – auf diesem Feld zeichnen sich geradezu gegenläufige Tendenzen ab. Die geschlechtsreifen Zehnjährigen befinden sich außerordentlich häufig seelisch-geistig in einem beträchtlichen Entwicklungsrückstand, eine Diskrepanz, die bedenkliche innere Schwierigkeiten und Unausgeglichenheiten hervorrufen kann. Die Krisenzeit Pubertät überfällt die jungen Menschen heute häufig in einem Status, in dem sie Belastungsproben des neuen Reifeschrittes nicht gewachsen sind. Dabei läßt sich entwicklungspsychologisch nachweisen, daß unser Wohlstand, unser unbekümmertes Verbrauchen mittelbar, ja oft auch unmittelbar an der Behinderung der seelisch-geistigen Entwicklung unserer Kinder beteiligt sind.

Die Fähigkeit, mit Lust aktiv zu sein, ist eine Eigenschaft, die – zunächst auf Ziele der Selbsterhaltung gerichtet – dem Menschen eingeboren ist. Ohne diese Fähigkeit würde ein Säugling an seinem Lebensanfang zum Beispiel sehr schnell verhungern. Eine Antriebsbetätigung, die das Leben erhält, erzeugt, falls sie ihr Ziel erreicht, Zufriedenheit und wird auf diese Weise positiv verstärkt, also zu neuer Betätigung, zu vermehrter Anstrengung angeregt. Verhindern die Betreuer bei jungen Kindern Anstrengungen dieser Art, etwa indem sie ihnen das Ziel anstrengungslos bereitstellen, so kommt es allmählich zu einer Erschlaffung der Antriebskraft, zu einer Aktivitätsatrophie. Die Fähigkeit, mit Lust aktiv zu sein, versandet und erstickt unter einem massiven Angebot vorgekauter, tischfertiger, konsumbereiter Materie. Die Folge ist eine lustlose Trägheit, eine unglücklich-müde Schwächung der Lebenskraft, die Reifeschritte in einer bedenklichen Weise erschwert. Denn ein Kind, das keine Lust hat, sich zu betätigen, macht keine differenzierten Erfahrungen, die seinen Geist schulen. Es kommt zu einem faulen Sitzenbleiben im Schlaraffenland, das bald sehr deutlich all seine Teufelsklauen nach dem in seiner Reife zurückbleibenden Kind ausstreckt: denn es bleibt seelisch im Stadium des Heischens nach sofortiger Triebbefriedigung stecken: Es beginnt ein Säufer zu werden, zuerst ein Säufer von Milch und Brause, später auch von betäubenden Getränken, es gerät unbeherrscht in Wut, wenn es zum Warten, zur Geduld aufgefordert wird, aber es ist vor allem, ohne es zu wissen, über die Verstümmelung seiner Entwicklung so unglücklich, daß es ein übellauniges, ansprüchlerisches, übertrieben egoistisches und aggressives Wesen wird, das seiner Umwelt das Leben zur Hölle machen kann. Eine große Anzahl von Kindern heute zeigt bereits diese nervenzermürbenden Krankheitszeichen, und wir können gar nicht rasch genug an dieser heraufbrandenden Not lernen, wenn wir noch etwas zur Rettung unserer Zukunft tun wollen; denn die Konsequenz aus diesem Dilemma müßte ja darin bestehen, uns nicht weiter darum herumzudrücken, unseren Wohlstand endlich verantwortungsbewußt zu bewältigen.

Reifebehinderungen der eben beschriebenen Art durch eine verwöhnende, in der Materie erstickende Erziehung können uns lehren, daß es uns nicht ansteht, hemmungslos allein zum Zweck größerer Bequemlichkeit die auf den Markt geworfenen Waren zu konsumieren. Das Erleichternde der Konsumgüter führt nur dann zu einer fruchtbaren Steigerung unseres Lebens, wenn wir die gewonnene Erleichterung zu wesentlicheren Betätigungsformen nutzen. In bezug auf zeitsparende Haushaltsmaschinen ist das deutlich ablesbar: Dienen sie uns zum Müßiggang, zum Zeittotschlagen mit Illustrierten, mit Fernsehen, wecken sie in uns den Drang zu wahllosen Streifzügen durch die Geschäfte, um alles Neue zu erjagen, zu erwerben, mit ihm vor Nachbarn zu protzen, so haben wir alle Aussicht, in unserer seelischen Entwicklung zu stagnieren und darüber schließlich selbst (ohne zu wissen warum) depressiv zu werden. Nein, die Anschaffung solcher Gegenstände kann nur zum Segen werden, wenn wir die Freiheit, die sie uns schenken, zu einer sinnvollen Lebensverwirklichung zu nutzen verstehen. Das ist zum Beispiel der Fall, wenn wir die gewonnene Zeit dafür verwenden, eine Begabung, die bisher ungelebt bleiben mußte, auszubauen und zu realisieren, wenn wir mechanische Routinearbeit durch eine Arbeit am Menschen, die Beschäftigung mit Kindern, mit unserem Partner oder durch Hilfe für einen Notleidenden ersetzen. Die Befriedigung, die Menschen erfüllt, die aus einer solchen Einstellung heraus handeln, ist ein deutlicher Gradmesser für ihre Richtigkeit. Nur wenn Konsum und Besitz in den Dienst seelisch-geistiger Reifungsprozesse gestellt werden, nützen sie uns, statt uns zu schaden. Konsum um des Prestiges oder der Bequemlichkeit willen sättigt uns nicht in der Tiefe unserer Seele. Er fesselt uns an die Materie und erzeugt Langeweile, Leere und Unglücklichsein.

Aber während der wahllose Konsum im Erwachsenenalter allein zu einem Stagnieren der seelischen Entwicklung führen kann, ist ein gedankenloses Anbieten von Konsumgütern für ein Kind in den ersten Lebensjahren geradezu eine existentielle Gefahr. Ein sehr sichtbares Beispiel mag für viele stehen: Füttern wir unsere Kleinkinder bis ins vierte und fünfte Lebensjahr hinein mit den schmackhaften Breien, wie sie in jedem Selbstbedienungsladen kaufbar sind, so werden diese Kinder kaufaul, es wird ihnen zu mühsam, ihre Zähne zum Zerkleinern der Nahrung zu gebrauchen. Sie gieren weiter nach den bequemeren Methoden, und bereits die Aufforderung, ein Stück Schwarzbrot zu zerkauen, wird empört als Überforderung erlebt und verweigert! Höchst ähnlich verhalten sich heute Schulanfänger gegenüber den Schularbeiten, wenn sie durch ihre Kleinkindzeit hindurch zu wahllosen Fernsehkonsumenten verzogen worden sind.

Besonders in bezug auf die kleinen Kinder bedürfen wir bei jedem Angebot des Marktes einer kritischen Selbstbefragung, ob der Gegenstand, der uns mit lockender Werbung ins Auge springt, geeignet ist, einen positiven Einfluß auf unsere oder die Entfaltung unserer Kinder hat. Dieses Kriterium ist ganz gewiß nicht gegeben, wenn die erstandene Ware Selbsterhöhung oder Untätigkeit bewirkt, sondern allein dann, wenn sie uns zu neuen Anstrengungen, zu differenzierteren Tätigkeiten anregt oder den Freiraum dafür schafft.

SOS für einen unterprivilegierten Stand

Unsere Zeit ist von einer höchst positiven geistigen Bewegung gekennzeichnet: von einem mächtig aufbrechenden Impuls zur Hilfswilligkeit, zur Solidarisierung mit fremden Gruppen, mit den „Unterprivilegierten“ besonders, um einer größeren Gerechtigkeit, um einer besseren Humanität willen. In unserem Zeitgeist lebt gegen allen Pessimismus das optimistische Pathos der großen kraftvollen Gebärde des herrschaftlichen Stromes aus Goethes „Mahomets Gesang“, dieses: „Kommt, ihr alle!“ Und in diesem Sinne eilt man zur Entwicklungshilfe in den hintersten Winkel der Erde, spürt die Obdachlosen in den Slums der Großstädte auf, sinnt auf Resozialisierung der Strafgefangenen, aktiviert indische Aufklärungskampagnen. Wie richtig, wie verheißungsvoll ist dieser Aufbruch! Allerdings: in eine bessere Zukunft wird er de facto nur dann führen können, wenn sich die Energie nicht als Strohfeuer erweist, sondern als ein dauerhaft fließender Strom, der aus konstant spendenden Kraftquellen mit hinreichendem Überschuß gespeist wird. Aus welchen Quellen speisen sich Impulse zu überschüssigem Liebesdienst? Gewiß nur sekundär aus den Steuersäcken eines Staates und seiner zahlungsfähigen Bürger. Zu lieben und zu arbeiten lernt man – das wissen wir seit Freud – weitgehend in den ersten Jahren seines Lebens, und zwar durch das Vorbild, durch den Einsatz der ersten Bezugspersonen – zum größten Teil immer noch durch die Mütter. Und hier nun zeigt sich mitten in all unserem sozialen Engagement eine merkwürdige Seelenblindheit, so als sei man nicht in der Lage, im Drange des idealistischen Aufschwungs das Nächstliegende, das Grundlegende zu bedenken; denn über aller Beteiligung an afrikanischen, südamerikanischen, indischen und indochinesischen Belangen übersehen wir, daß es mitten unter uns einen „unterprivilegierten Stand“ gibt, ja demnächst wird er sich sogar zu einer Minderheit entwickeln, der der Hilfe dringend bedürftig ist – und das ist die Familienmutter, die um der Erziehung ihrer Kinder willen ihren Beruf an den Nagel gehängt hat. Dieser Stand hat wenig Aussicht auf Beachtung oder etwa gar auf kollektive Achtung und Anerkennung. Wer heute so rückständig ist, nicht acht Wochen nach der Geburt eines Kindes wieder in die Berufsarbeit zurückzukehren, muß sich allgemeine Disqualifizierung gefallen lassen. Man ist dann eine „Nur-Hausfrau", ein „Heimchen am Herd", eine Hinterwäldlerin, der zwischen Kindern, Küche und Kirche rasch fortschreitende Verblödung garantiert wird. Man ist dann eine „grüne Witwe", der zwangsläufig die Decke auf den Kopf zu fallen hat, falls nicht der Briefträger im letzten Augenblick als Retter auf den Plan tritt.

Aber das Schlimme ist – so zeigt mir meine Praxiserfahrung mit diesem notleidenden Stand: die Decke fällt wirklich – mit und ohne Mätzchen und Witzchen. Sie fällt erstens, weil die wenigsten Menschen es auf die Dauer aushalten, in einer Rollenfunktion zu leben, die keine Anerkennung durch die Umwelt erfährt, zweitens weil Bewußtmachen einer Schwierigkeit den Leidensdruck erhöht, drittens weil zusätzlich in all dieser künstlichen Erschwerung von außen die Situation der Familienmütter de facto immer schwieriger wird. Das liegt vor allem daran, daß die reinen Hausfrauentätigkeiten durch die technischen Erleichterungen in unseren Vier-Zimmer-Sozialwohnungen doch mächtig zusammengeschrumpft sind, daß dadurch sehr viel mehr Zeit wäre für die Beschäftigung mit den Kindern, für ihre Anregung und Erziehung, daß aber diese Kinder bereits im Kleinkindalter von Jahrgang zu Jahrgang viel, viel anstrengender werden, unlustiger, nörgelnder, trotziger, schwieriger. Die Kernaufgabe erweist sich damit für viele Frauen als eine unzumutbare Überforderung, als eine nervenzersägende Belastung, die sie reizbar und unduldsam werden läßt, so daß selbst bei den vielen Anfangswilligen schließlich doch Hals über Kopf die Flucht zurück in den Beruf vollzogen wird und die Kinder in Kinderkrippen, Heimstätten und Internaten entschwinden.

Man könnte daraus den Schluß ziehen – und man tut das auch bereits vielerorts lautstark –, daß an diesen Gegebenheiten deutlich wird, daß die Kleinfamilie unserer modernen Industriegesellschaft eben nicht mehr angemessen ist, daß sie durch andere, unserer Lebensweise angepaßte Modelle ersetzt werden müßte. Wie diese Modelle aussehen, zeichnet sich in der Praxis bereits ab; sie heißen Frühkollektivierung der Kinder vom Säuglingsalter ab, Pflege und Erziehung durch Institutionen und in ihnen arbeitende Fachkräfte.

Aber so läßt sich allenfalls als Politiker und als Theoretiker denken. Es wird sich aber auf der ganzen Welt kein ernsthafter Fachmann finden, der über eine hinreichende Praxiserfahrung mit seelisch gestörten Menschen verfügt, der solch einem Trend guten Gewissens zustimmen könnte. Wo immer mit Hilfe der Beobachtung Erfahrungen über die Entwicklungsbedingungen der Art Mensch gemacht worden sind, hat sich herausgestellt, daß er an seinem Lebensanfang ein unendlich verletzbares, ja seelisch total verstörbares Wesen ist, das der größten, behutsamsten, liebevollsten und einfühlsamsten Pflege bedarf, daß es hier biologische Grundvorschriften gibt, die man nicht ungestraft vernachlässigen oder einfach durch etwas anderes ersetzen kann. Die Participation mystique, die der Mensch in seinem ersten Lebensjahr braucht, um zu einem mündigen, warmherzigen, kraftvollen Erwachsenen zu werden, ist kaum durch irgend etwas anderes zu vollziehen als durch die Person, durch die hindurch der Mensch in das Leben getreten ist. Es ist daher in höchstem Maße verantwortungslos, die vielen wissenschaftlichen Untersuchungen und Ergebnisse aus dem Kreis der Deprivationsforschung und der analytischen Psychotherapie hinwegleugnen zu wollen. Die weltweite Verbreitung der Jugendverwahrlosung in den hochindustrialisierten Ländern mit einem hohen Lebensstandard, die beängstigende Zunahme der Raubkriminalität, der Selbstmorde und der Süchte ist weitgehend eine direkte Auswirkung der Gegebenheit, daß zunehmend mehr Menschen durch eine ihnen unangemessene Aufzucht seelisch schwerst erkranken. „Mutterlosigkeit und Verneinung der Mutterschaft“, schreibt der amerikanische Psychiater Carl Stern, „werden zu Zügen der Physiognomie eines ganzen Zeitalters.“

Große Staatsmänner, die wirklich Geschichte machten, haben sich angesichts der Aufdeckung der Ursache von sozialen Mißständen nicht dahinter verkrochen, daß das eben bei anderen Völkern nicht besser sei, sondern sie haben sich darangemacht, innerhalb ihres Machtbereiches die Probleme hic et nunc anzupacken. Nicht nur Bismarcks Sozialversicherung hat weltweit Früchte getragen, auch das Ingriffnehmen dieses unseres Problems könnte in Zukunft international Schule machen. Aber die Lösung des Problems kann nicht einfach darin bestehen, daß man – etwa durch ein Säuglingsschutzgesetz – die Mütter zwingt, berufslos zu bleiben, solange die Kinder klein sind; denn wir können auch kasuistisch nachweisen, daß es nicht damit getan ist, daß eine Mutter angekettet, mürrisch geknechtet sich widerwillig dem Geschäft der Kinderaufzucht ergibt. Ablehnung des Kindes durch die Mutter – das zeigt schon die Biographie Schopenhauers – erzeugt oft eine ähnliche negativistische, nihilistisch pessimistische Grundeinstellung zum Leben wie der frühe Mutterverlust oder die unangemessene Verwahrung des Kindes.

Es liegt also offenbar eine berghohe Aufgabe in bezug auf die unterprivilegierte Minderheit „junge Familienmutter" unmittelbar vor unserer eigenen Tür, und es ist das Gebot der Stunde, nach guter Hausfrauenerfahrung den Rat zu beherzigen, daß sich auch das Entfernte nur wirkungsvoll bewältigen läßt, wenn zuerst das Nächstliegende gemeistert worden ist.

Den jungen Müttern muß durch ein umfassendes Programm aller Kräfte geholfen werden, damit sie es schaffen, wenigstens in den ersten $1^1/_2$ Jahren, noch besser bis zum Schuleintritt ihres jüngsten Kindes berufslos zu bleiben, ohne darunter schwer zu leiden. Basis dieses Programmes müßte sein:

1. Eine Information aller Schüler, besonders der Schülerinnen in den Schulabgangsklassen über die Notwendigkeit der Nähe zwischen Mutter und Kind in den ersten Lebensjahren und die positive Einwirkung auf Charakter und Intelligenzentfaltung durch die Bedürfnisbefriedigung des Kindes durch die Mutter (s. mein in Bayern bereits in dieser Weise verwendetes Unterrichtsbuch: Erziehen lernen in tiefenpsychologischer Sicht, Bayerischer Schulbuchverlag, 1973).

2. Die Bedeutung der Mutterschaft muß durch entsprechende Informationen in den Massenmedien eine Aufwertung erfahren, die das so notwendige Selbstwertgefühl der Mutter stützt und auf diese Weise ihre Belastungsfähigkeit stärkt. Dabei muß deutlich gemacht werden, daß hier nicht – gegen den Fortschritt und die Veränderung unserer Umwelt – an einem „alten Zopf" in restauriertem Starrsinn festgehalten werden soll, sondern daß es darauf ankommt, aus neuen wissenschaftlichen Erkenntnissen neue praktikable Wege zu entwickeln, die

unserer Wirklichkeit entsprechen. Es handelt sich nicht darum, die Frauen in einem unfruchtbaren Winkel verkümmernd abzustellen, sondern um Vorschläge, alle ihre Tätigkeiten, sowohl in der Mutterschaft wie im Beruf, voll zum Tragen zu bringen, ohne daß sie unter einem falschen Zeitplan und damit zu großer seelischer und körperlicher Belastung sich zu früh und zu rasch verschleißen.

3. In dem berufslosen Intervall, in dem sich die jungen Familienmütter mehr oder weniger ausschließlich in einer Isolation mit ihren Kindern befinden, müssen die Mütter institutionell auf vielfältige Weise betreut werden.

Gute Ansätze sind hier die von den Kirchen organisierten Familienfreizeiten. Mütter kommen mit ihren Kindern in kleinen Gruppen in einem Freizeitheim zusammen, die Väter kommen zum Wochenende nach. Ihnen wird die Möglichkeit geboten, Gruppengespräche zu führen, Konfliktsituationen und Erziehungsfragen gemeinsam zu erörtern. Die Kinder werden locker betreut, sind aber nicht von den Müttern getrennt. Auf diese Weise werden die jungen Frauen entlastet und angeregt; es kommt zu Freundschaften und Bindungen unter den Frauen und Ehepaaren.

Und viele weitere Hilfen wären hier denkbar: Örtlich organisierte Babysitterdienste für den Fortbildungsabend einmal in der Woche, damit die Familienmutter nicht das Gefühl bekommt, randständig zu werden, und ihre Hoffnung real bleibt, eines Tages wieder in ihrem Beruf arbeiten zu können, ohne den Anschluß verpaßt zu haben. Organisation solcher Fortbildungskurse durch die Betriebe und Kontakt zu den pausierenden Angehörigen durch die Betriebe ist allerdings die Voraussetzung zu so einem Programm.

4. Dringend sollte auch ein finanzielles Hilfsprogramm für diejenigen Mütter entworfen werden, die sich aus wirtschaftlicher Not oder Belastung die Berufslosigkeit für einige Jahre nicht leisten können.

5. Systematisch bedürfen die Mütter aber der Betreuung und Beratung in bezug auf die Erziehung ihrer Kinder. Die ärztliche Mütterberatung durch die Gesundheitsämter müßte nicht nur Gewichtskontrolle und Ernährungsberatung sein, sondern auf Fragen der Erziehung, auf die Anleitung der Mütter zur seelischen Betreuung ihrer Kinder ausgeweitet werden. Dazu bedürfen wir des Heeres der Sozialarbeiter und der Psy-

chologen, die zur Zeit in Westdeutschland ausgebildet werden. Aber sie werden diesen Aufgaben nur gewachsen sein, wenn man ihnen in ihren Ausbildungsstätten das nötige Rüstzeug für solche Tätigkeiten in die Hand gibt.

6. Nicht zuletzt bedarf es einer Einstellungsänderung der Gynäkologen, der Hebammen und Säuglingsschwestern auf den Wöchnerinnenstationen. Hier sollte es Ehrensache sein, so viele Mütter wie möglich zum Stillen anzuleiten, ihnen über die so häufigen Anfangsschwierigkeiten mit hinreichender Mühewaltung hinwegzuhelfen und sie über den seelischen Wert der körperlichen Verbindung zwischen Mutter und Säugling in den ersten neun Lebensmonaten aufzuklären. Die heute bereits so grob in Erscheinung tretende Gegebenheit, daß Kleinkinder zu passiv sind, um Spaß am Tätigsein zu haben, daß sie aber aggressiv-unglücklich sind angesichts dieses ihnen absolut unbewußten Unvermögens, hat zu einem großen Teil ihre Ursache darin, daß die Kinder durch Verwöhnung in Ernährung und Spielzeug von Anfang an (sie bekommen von allem zu leicht oder zuviel) eine Aktivitätsatrophie erleiden, die schwerste Verhaltensstörung bedeutet. Das langdauernde Stillen ist eines der wirksamsten Vorbeugungsmittel gegen diese fundamentale Beeinträchtigung. Nicht umsonst sind die bedenklichen Folgen einer Frühkollektivierung des Menschen in den Kibbuzim nicht allzu grob in Erscheinung getreten: Es ist dort nämlich üblich, daß die Mütter ihre Kinder lange voll stillen.

7. Alle solche Programme werden aber wirkungslos bleiben müssen, solange wir es nicht schaffen, die Männer, die Ehepartner, die jungen Väter von ihrer Vorstellung zu emanzipieren, daß Macht durch Geld allein die Priorität des Lebens darstelle.

Die harten Jahre der jungen Mutterschaft werden die Frauen der Zukunft nur mit Fröhlichkeit und kraftvoller Zufriedenheit durchstehen können, wenn sie Partner haben, die ihren Frauen höchste Anerkennung für diese ihre Opferbereitschaft zollen, die sie um dieser ihrer Entscheidung willen mehr lieben und stolz auf sie sind – eben weil auch sie wissen, daß das persönliche Glück wie die Zukunft des ganzen Kollektivs in weitgehendem Maße davon abhängt, daß es den jungen Müttern gelingt, ihren Kindern durch das Erlebnis der Geborgenheit die überschüssige Kraft zu schenken, die nötig ist, damit es zuerst bei uns selbst und schließlich auch in den hinteren Winkeln unserer Welt menschlicher zugehen kann.

Literaturverzeichnis

Affemann, R.: Krank an der Gesellschaft. Stuttgart 1974.

Aichhorn, A.: Verwahrloste Jugend. Bern 1951.

Alexander, F.: Psychosomatische Medizin. Berlin 1951.

Ambrose, J. A.: The Concept of a Critical Period for the Development of Social Responsiveness in Early Human Infancy. In: Determinants of Infant Behavior. II. Hrsg. B. M. Foss. London 1963.

Beach, F. A., and Haynes, J.: Effects of Early Experience upon the Behavior of Animals. Psychological Bulletin 51 (1954), S. 239–262.

Berkson, G., Mason, W. A., and Saxon, S. V.: Situation and Stimulus Effects on Stereotyped Behavior of Chimpanzees. J. Comp. Phys. Psychol. 56 (1963), S. 786–792.

Berkson, G., and Davenport, R. K.: Stereotyped Movements of Mental Defectives. Am. J. of Mental Defic. 66 (1962), S. 849–852.

Bowlby, J.: Maternal Care and Mental Health. World Health Organization Monogr. Ser. No. 2, 1952.

Coleman, J. C.: Abnormal Psychology and Modern Life. Chicago 1964.

Dennis, W.: Infant Development under Conditions of Restricted Practice and Minimal Social Stimulation. Genet. Psych. Mon. 23 (1941), S. 143.

Dührssen, A.: Psychogene Erkrankungen bei Kindern und Jugendlichen. Göttingen 1954.

–: Psychotherapie bei Kindern und Jugendlichen. Göttingen 1960.

–: Heimkinder und Pflegekinder in ihrer Entwicklung. Beiheft zur Kinderpsychologie. Göttingen 1964.

Eibl-Eibesfeldt, I.: Grundriß der vergleichenden Verhaltensforschung. München 1969.

Foppa, K.: Lernen, Gedächtnis, Verhalten. Köln/Berlin 1965.

Ford, C. S., und Beach, F. A.: Formen der Sexualität. Hamburg 1969.

Freud, S.: Studienausgabe, 60 Bde. Neuaufl. Frankfurt a. M. 1971.

Gareis, B., und Wiesnet, E.: Gefängniskarrieren. Innsbruck, Würzburg 1973.

Gesell, A. and A.: Development Diagnosis. New York 1947.

Glueck, S. and E.: Unraveling Juvenile Delinquency. New York 1950.
Goethe: Ges. Werke, Hamburg 1962.
Goodall, J.: Wilde Schimpansen, Hamburg 1971.
Goldfarb, W.: Effects of Early Institutional Care on Adolescent Personality. Child Developm. 14 (1943), S. 213.
–: Infant Rearing and Problem Behavior. Am. J. Orthopsychiatr. 13 (1943), S. 249.
–: Effects of Early Institutional Care on Adolescent Personality, Rorschach data. Am. J. Orthopsychiatr. 14 (1944), S. 441.
–: Infant Rearing as a Factor in Foster Home Replacement. Am. J. Orthopsychiatr. 14 (1944), S. 162.
–: Psychological Privation in Infancy and Subsequent Adjustment. Am. J. Orthopsychiatr. 15 (1945), S. 247.
–: Effects of Psychological Deprivation in Infancy and Subsequent Stimulation. Am. J. Psychiatr. 18 (1954), S. 102.
–: Emotional and Intellectual Consequences of Psychologic Deprivation in Infancy. In: Hoch, Ph. (Hrsg.): Psychopathology of Childhood. New York 1955.
Gray, P. H.: Theory and Evidence of Inprinting in Human Infants. J. of Psychol. 46 (1958), S. 155–166.
Harlow, H. F.: The Nature of Love. Am. Psych. 13 (1958), S. 673.
– and Zimmermann, R. R.: Affectional Responses in the Infant Monkey. Science 130 (1959), S. 421.
–: The Heterosexual Affectional System in Monkeys. Am. Psych. 17 (1962) a), I.
– and Zimmermann, R. R.: Affectional Responses in the Infant Bull. Menninger Clinic 26 (1962) b), S. 213.
–: Social Deprivation in Monkeys. Scientific American 207 (1962) c), S. 137.
– and Rowland, G.: The Effect of Total Social Deprivation on the Development of Monkey Behavior. Rec. on Schizophrenia 116 (1964).
–: Total Social Isolation. Science 148 (1965), S. 666.
– and Seay, B.: Mothering in Motherless Mother Monkeys. The Brit. J. of Social-Psychiatr. I (1966), S. 63.
– and Harlow, M., Dodsworth, A.: Maternal Behavior of Rhesus Monkeys Deprived of Mothering and Peer Associations in Infance. Proceedings of the Am. Phil. Society 110 (1966), S. 58.
– and Harlow, M.: Affection in Primates, Discovery Jan. 1966.
– –: Reifungsfaktoren im sozialen Verhalten. Psyche-Beiheft: Festschrift für R. Spitz. Stuttgart 1967.
Hediger, H.: Mensch und Tier im Zoo. Zürich/Stuttgart/Wien 1965.
–: Über Bewegungsstereotypien bei gehaltenen Tieren. Rev. Suisse Zool. 41 (1934) a), S. 17.

Hellbrügge, Th.: Kindliche Entwicklung und soziale Umwelt. München 1964.
Holzapfel, M.: Über Bewegungsstereotypien bei gehaltenen Säugern. Z. Tierpsychol. I/II, 2 (1938), S. 46–72.
Huntford, R.: Wohlfahrtsdiktatur. Frankfurt a. M. 1971.
Illies, J.: Die Affen und wir. Hamburg 1970.
–: Zoologie des Menschen. München 1971.
Inhelder, E.: Skizzen zu einer Verhaltenspathologie reaktiver Störungen bei Tieren. Schweizer Archiv für Neurologie, Neurochirurgie und Psychiatrie, Bd. 89, H. 2 (1962).
Leyhausen, P. (mit K. Lorenz): Antriebe tierischen und menschlichen Verhaltens. München 1971.
Lorenz, K.: Das sogenannte Böse. Wien 1963.
–: Über tierisches und menschliches Verhalten. Gesammelte Abhandlungen, Bd. I und II. München 1971 und 1970.
Mason, W. A.: The Social Development on Monkeys and Apes. In: De Vore (Hrsg.): Primate Behavior. New York 1965.
–: The Effects of Social Restriction on the Behavior of Rhesus Monkeys. J. Comp. Phys. Psychol. 53 (1960), S. 582–589 I.; II. abd. 54 (1961), S. 287–290; III. abd. 54 (1961), S. 694–699.
: Determinants of Social Behavior in Young Chimpanzees. In: A. M. Schiser et. al.: Behavior of Nonhuman Primates II. New York / London 1965.
Meierhofer, M., und Keller, W.: Frustration im frühen Kindesalter. Bern 1966.
Melzack, R.: Effects of Early Perfectual Restriction on Simple Visual Discrimination. Science (1937), S. 978.
– and Scott, T. H.: The Effects of Early Experience on the Response to Pain. J. Comp. Phys. Psychol. 50 (1937), S. 155–161.
Menzel, E. W., jr.: Pattern of Responsiveness in Chimpanzees Reared through Infancy under Conditions of Environmental Restrictions. Psychol. Forschung 27 (1964), S. 337–365.
Meves, C.: Bericht über die psychagogische Arbeit mit einem entwicklungsgehemmten neunjährigen Jungen. Pr. Kinderpsychol. 6 (1965), S. 197–208.
–: Vergleichbare Strukturen von Verhaltensstörungen bei Kindern und Tieren. Pr. Kinderpsychol. 8 (1967), S. 273–280.
– und Simonsen, H.: Katamnesen nach Krankenhausaufenthalt im Kindesalter. Pr. Kinderpsychol. 6 (1968), S. 197–204.
–: Vergleichbare Verhaltensstörungen bei Kindern und Tieren. Z. prakt. Psychol. 1/2 (1969), S. 31–42.
–: Die Schulnöte unserer Kinder. Hamburg 1974.
–: Mut zum Erziehen. Hamburg 1974.
–: Erziehen lernen in tiefenpsychologischer Sicht. München 1974.
–: Manipulierte Maßlosigkeit. Freiburg i. Br. 1974.
–: Erziehen und erzählen – von Kindern und Märchen. Stuttgart 1974.

–: Tiefenpsychologische Aspekte des Kindesalters; und: Seelisch bedingte Verhaltensstörungen bei Kindern. In: Das Kind (hrsg. von W. Behler, Freiburg i. Br. 1971).
–: Verhaltensstörungen bei Kindern. München 1974.
– (und J. Illies): Lieben – was ist das? Freiburg i. Br. 1974.
Meyer-Holzapfel, M.: Über die Bereitschaft zu Spiel- und Instinkthandlungen. Z. Tierpsychol. 13 (1956), S. 442–474.
Motschmann, B.: Linksradikalismus. Sonderdruck des Gelben Kreises. Hamburg 1973.
Neumann, U.: Wieviel Liebe braucht ein Kind? Stuttgart 1970.
Newton, N. R. und M.: Relationship of Ability to Breastfeed and Maternal Attitudes towards Breast feeding. Pediatrics 5 (1950), S. 869.
Pawlow, J. P.: Sämtliche Werke, 6 Bde. Berlin 1953.
Peiper, A.: Instinkt und angeborenes Schema beim Säugling. Z. Tierpsychol. 8 (1951).
Ploog, D. W.: Verhaltensforschung und Psychiatrie. In: Psychiatrie der Gegenwart. Forschung und Praxis, Bd. I/113. Berlin/Göttingen/Heidelberg 1964, S. 291.
–, Blitz, J., and Ploog, F.: Studies of Social and Sexual Behavior of the Squirrel Monkeys. Fol. primat. I (1963), S. 29–66.
Prechtl, H., und Schleidt, W. M.: Auslösende und steuernde Mechanismen des Saugaktes. Z. vergl. Physiol. 32 (1950).
Prechtl, H.: Die Eigenart und Entwicklung frühkindlicher Motorik. Klin. Wschr. 34 (1956).
Rasa, O. A. E.: Appetence for Aggression in Juvenile Damsel Fish. Z. Tierpsychol., Neih. 8 (1971).
Rensch, B.: Homo sapiens. Göttingen 1970.
Ribble, M. A.: Clinical Studies of Instinctive Reactions in Newborn Babies. Am. J. Psychiatr. 95 (1938).
Schmalohr, E.: Folgen früher sozialer Isolierung bei Mensch und Tier. Pr. Kinderpsychol. 7 (1966), S. 246–251.
–: Frühe Mutterentbehrung bei Mensch und Tier. München/Basel 1968.
Schoeck, H.: Der Neid. München 1966.
–: Die Lust am schlechten Gewissen. Freiburg i. Br. 1973.
Schultz-Hencke, H.: Lehrbuch der analytischen Psychotherapie. Stuttgart 1951.
Schutz, F.: Die Bedeutung früher sozialer Eindrücke während der „Kinder- und Jugendzeit“ bei Enten. Z. für angew. Psychol. I (1964), S. 169–179.
–: Homosexualität und Prägung. Psych. Forschung 28 (1965), S. 439 bis 463.
–: Homosexualität bei Tieren. Studium Generale 5 (1966), S. 273 bis 285.

Schwidder, W.: Neoanalyse. In: Handbuch der Neurosenlehre und der Psychotherapie, Bd. III. München/Berlin 1959.
Seiß, R.: Das Recht auf Lust. Wuppertal 1973.
Spitz, K.: Vom Säugling zum Kleinkind. Stuttgart 1967.
Stern, K.: Die Flucht vor dem Weib. Salzburg 1968.
Verch, K.: Sexualerziehung. St. Augustin–Niederpleis 1970.
Wolf, H.E., und Wolters, H.J.: Rocker-Kriminalität. Sozialpädagogischer Verlag 1974.

Joachim Illies

in der Herderbücherei

Christa Meves/Joachim Illies
Lieben – was ist das?
Ein Grenzgespräch zwischen Biologie und Psychologie
Band 362, 128 Seiten, 12. Aufl.

Für eine menschenwürdige Zukunft
Die gemeinsame Verantwortung von Biologie und Theologie
Band 432, 128 Seiten, 5. Aufl.

Die Sache mit dem Apfel
Eine moderne Wissenschaft vom Sündenfall
Herausgegeben von Joachim Illies
Band 447, 176 Seiten, 4. Aufl.

Umwelt und Innenwelt
Bewußtseinswandel durch Wissenschaft
Band 487, 128 Seiten, 2. Aufl.

Zoologeleien
Band 502, 128 Seiten, 4. Aufl.

Biologie und Menschenbild
Band 526, 128 Seiten, 2. Aufl.

Christa Meves/Joachim Illies
Mit der Aggression leben
Band 536, 128 Seiten, 4. Aufl.

Der Mensch zwischen Furcht und Hoffnung
Wissenschaft als Heilserwartung
Band 554, 128 Seiten

Zu wahr, um schön zu sein
Federlese an der Wissenschaft
Band 638, 128 Seiten

Die andere Seite der Biologie
Forschen nach dem Sinn des Lebens
Band 677, 128 Seiten

Weitere Veröffentlichungen von Christa Meves

Erziehen lernen
aus tiefenpsychologischer Sicht

192 Seiten, 5. überarb. Auflage
ISBN 3-7627-7029-8

Bayerischer Schulbuchverlag, München

Erziehen und Erzählen
Von Kindern und Märchen
94 Seiten, 5. Auflage
ISBN 3-7831-0354-1

Kreuz-Verlag, Stuttgart

Verhaltensstörungen bei Kindern
SP 20, 150 Seiten, 6. Auflage
ISBN 3-492-00320-6

Verlag R. Piper & Co., München

Mut zum Erziehen
Erfahrungen aus der psychagogischen Praxis
Stundenbücher Bd. 96, 144 Seiten, 8. Auflage
ISBN 3-7730-0020-0

Die Schulnöte unserer Kinder
Wie Eltern ihnen vorbeugen und abhelfen können
Stundenbücher Bd. 101, 125 Seiten, 6. Auflage
ISBN 3-7730-0048-0

Furche-Verlag, Hamburg
